U0056322

這樣的教養，有毒

精神科醫師詳解，終結父母也沒注意到的NG教養

井上智介・著
陳姵君・譯

莫非我也是毒親？

川西奈緒（30世代）

有兼職工作，兒子讀小二，女兒讀小班的媽媽

與人見面的機會變少，
也無法吐苦水發發牢騷，
跟孩子待在家，
愈來愈覺得身心俱疲。
哇哇大叫一
你們安靜點……
快受不了了……
哥哥他
打我～！
理智斷線
吵死了!!!
你們鬧夠了沒!!!

啪 啪
嗚啊啊啊啊啊—!!
……我好差勁。
真想逃離這裡
戴 上
已經很久
沒笑過了…
藏起凶惡的
表情……
明明想當個好媽媽，
卻不知該怎麼做才對。
媽媽，
我今天啊～
……

失格母親
力不從心
無法抑制
煩躁火大的情緒
跟孩子
相處很痛苦
孤獨
我不適合當母親。
覺得自己的內心變得
愈來愈黑暗……
毒親
心驚
「毒親」嗎……
莫非我也是？
不會吧…

其實，
任何人都具有
成為毒親的要素喔。
毛毛
蓬鬆
毒親
咦?! 任何人嗎？
你是
誰？
毒親的要素
指的是什麼??
您好，我是剛好
路過的精神科醫師，
名叫「井上」。
在孩子剛出生時，
父母親的內心可是
閃閃發光的呢。
可是，
因為帶孩子身心俱疲，
感到孤獨時，
隱藏於自我內心的
「毒親要素」
就會受到刺激，
導致心靈愈來愈黑暗。
也有人將這種狀態
稱為「黑親」。
像是壓力
之類的原因
育兒本就伴隨著不安與擔憂，
但社會大眾看待家長的標準相當嚴苛，
所以做父母親的才會備感壓力。
畢竟有太多
愛插嘴
發表意見的人～
…
現在帶孩子這麼輕鬆，
真令人羨慕啊。
聽說○○的媽媽
是超級女強人耶，
好厲害喔。
社群網站
○○媽媽
今天的便當

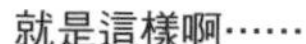

就是這樣啊……
老實說，我不知道什麼
才是育兒教養的正確答案，
常常覺得討厭自己……

畢竟育兒再怎麼煎熬，
也沒辦法中途放棄，任孩子自生自滅啊。

只不過，
會演變成毒親，
原因不光只出在
當事人身上。

咦?!

其實，
來找我諮商的患者當中，
被毒親養育長大的人
相當多。

我認為，可能是因為這樣的成長經歷，
導致當事人為人父母後
也對孩子做出同樣的言行。

這是因為，對當事人而言，自身所經歷的
親子關係就是唯一的育兒參考範本。

什麼?!

這樣的話，
難道沒辦法阻止
毒親的負面循環嗎？

本書會提出許多建議，
帶領讀者們回顧自身的成長環境，
重新面對自我、面對孩子，
以及面對自己的父母親，
盼能幫助大家身心愉快地進行育兒教養，
陪伴孩子一同成長。

即便有負面的童年經驗，
抑或目前苦不堪言，
人隨時都能調整心態讓自己過得幸福。
懇請大家參考本書的內容，
帶著希望擁抱未來！

序言

「對孩子感到不耐煩而發火。」
「忍不住對孩子口不擇言。」
「有時甚至會動手打小孩。」

大家好。我是精神科與職業醫學科醫師，井上智介。遲遲看不到盡頭的新冠肺炎疫情，導致罹患心理疾病的人數有增無減。覺得活得很痛苦而前來進行諮商者遍及各種行業與領域，諸如上班族、家庭主婦、學生等，其中最明顯增加的則是，正在養育幼兒或孩子就讀小學的30～40世代。他們都對育兒感到心力交瘁，接著吐露如同上述的各種狀況，沮喪地認為自己搞不好就是毒親。

毒親是指對孩子有毒的父母親。毒親會以言語或暴力所造成的虐待來控制孩子，因此孩子會習於否定自己，難以活出屬於自己的人生。

看到虐待一詞，很多人往往會認為與自己無關，不過根據日本厚生勞動省的資料統計，令和2年度（2020年）所受理的兒童虐待諮詢件數，竟然超過20萬件，而且這不過是冰山一角，據悉實際虐待情事遠不止這個數目。也就是說，即便家長不認為自身的言行屬於虐待，但極有可能已接近虐待的程度。

然而，也不能一味責備家長的不是。因為育兒教養的過程處處是壓力。工作令人生厭可以選擇辭職，但養育孩子可沒辦法因為討厭就乾脆離開，原則上是沒有逃避這則選項的。新手爸媽應該都曾感受到不安或擔憂吧。

再者，育兒教養其實是家家有本難念的經。換言之，每個家庭有極大的差異，家長基本上只能以原生家庭的方法為依據，

自身與伴侶的成長環境則是唯一的參考。但這世上並不存在著只要照著做「教養孩子一把罩」的範本。

由此可知，養育孩子充滿了難題，但社會卻呈現出一種「把孩子教好不就是最基本的嗎」、「大家都是這麼過來的」氛圍。在這樣的情況下，只會讓家長愈發感到艱辛。

畢竟每個人只經歷過原生家庭的教養方式，因此會將父母親的做法沿用至孩子身上，這其實是再正常不過的一件事。從小受到父母親溫柔對待，自然也會對孩子溫柔和善；從小受到父母親嚴格管教，自然就會對孩子態度嚴厲。也就是說，若自己對孩子做出毒親的行為，便代表自己也有可能受到父母親諸如此類的對待。亦即自身的父母或許就是毒親。前來門診諮商的患者當中，育兒教養不順利的原因，很明顯是受到其父母親所影響的情況亦不在少數。有些人對此有所察覺，有些人則渾然不知。

對此有所察覺之人，正因為明白自己與父母親的關係有問題，才會覺得沒有信心能教好自己的孩子。由於自己曾受過苦，所以一心想讓孩子能快樂自在地成長，不必承受同樣的痛楚，卻又深怕終究會害孩子走上與自己相同的人生路。很多家長都是快被這樣的不安與恐懼擊垮而前來醫院求診。

究竟為什麼會變成毒親、若自己的父母是毒親的話，那麼該怎麼做才能避免重蹈覆轍、該怎麼做才能讓孩子健全成長……本書會為察覺到自己正走向毒親一途的讀者，講解擺脫原生家庭的束縛、重新面對孩子，活出自我色彩的各項步驟。盼能提供有益的建議，幫助大家堅定溫和地教養孩子。

這樣的教養，有毒
精神科醫師詳解，終結父母也沒注意到的NG教養

目次

「莫非我也是毒親？」 002

序言 006

第1章 莫非我就是毒親……？ 014

- 別以為毒親與自己無緣！你也可能加入毒親的行列?! 016
- 毒親究竟是什麼樣的父母親？1 令孩子心生恐懼 018
- 毒親究竟是什麼樣的父母親？2 過分對孩子強調責任心 022
- 毒親究竟是什麼樣的父母親？3 讓孩子產生愧疚感 026
- 在毒親的教養下，孩子的自我肯定感會變低 028
- 育兒教養充滿壓力！任何人都可能變成毒親的原因 032
- 大多數人都有成為毒親的潛能?! 變成毒親的4大要素 034
- 毒親的言行舉止1 家事力求做到盡善盡美否則絕不罷休 036
- 毒親的言行舉止2 跟風盲從，想給孩子最好的 038
- 毒親的言行舉止3 隨時都想掌握孩子的行蹤 040
- 會與不會變成毒親的人有何不同之處？ 042
- 熱衷宗教或政治活動的家長屬於高危險群?! 044

Column ▸ 疾病是造成毒親的原因？ 046
● 導致毒親化的精神疾患1 發展障礙、輕度智能障礙 046
● 導致毒親化的精神疾患2 酒精成癮症 052
● 導致毒親化的精神疾患3 產後憂鬱、育兒憂鬱 055

第2章 我的父母其實是毒親?! 058
● 育兒不順利都是自己的父母親害的？ 060
● 被毒親養育長大的人，會對育兒造成什麼影響？ 064
● 是時候該斬斷虐待的世代循環!! 066
● 與其斷絕親子關係，不如尋找實際可行的相處之道 072

第3章 何謂育兒教養的正解？ 074
● 絕不重蹈自身過往痛苦回憶的覆轍 076
● 當顯露出毒親嘴臉時請記錄在筆記本上！ 078
● 夫妻步調一致的教育方針能帶來成功的育兒經驗 080
● 0～1歲為親子建立依附關係的時期 082
● 沒有經歷不要不要期和叛逆期反而不妙!! 086
● 叛逆期與拒絕上學看似相似，實則不然 088
● 如何拿捏管教孩子的方式？ 090
● 掌握訓斥與表達的方式 094
● 察覺自身毒親化時的解毒方法1 陷入完美主義時 098

- 察覺自身毒親化時的解毒方法2
  意圖全面控制孩子時 …… 100
- 察覺自身毒親化時的解毒方法3
  在意世俗的眼光時 …… 102
- 動不動就不耐煩！怒氣湧現時的處方箋 …… 104
- 育兒生活的留意事項1 讓孩子感到安心、有安全感 …… 106
- 育兒生活的留意事項2 好好寵愛自己 …… 110
  若情緒低落到無以復加的程度時…… …… 114
- 育兒生活的留意事項3 另一半是育兒夥伴 …… 118
- 不用那麼努力也沒關係！ …… 122
- 目標是能夠持之以恆的育兒教養！ …… 124
- 讓育兒教養能夠持之以恆的祕訣1 不過度聚焦於未來 …… 126
- 讓育兒教養能夠持之以恆的祕訣2 家長回顧自我人生 …… 128
- 讓育兒教養能夠持之以恆的祕訣3 對外尋求協助 …… 130
- 育兒的終點究竟在哪裡？ …… 132

Column ▸ **井上醫師的診療筆記** …… 134
被毒親養育長大的單親媽媽終於能叫出孩子的名字

第4章 萬一另一半的父母是毒親的話？ …… 144

- 萬一另一半的父母是毒親該怎麼辦？ …… 146
- 面對接受毒親養育的另一半，說「謝謝」就是最好的良藥 …… 148
- 該如何與另一半的毒親相處？ …… 150
- 自己的父母與另一半，該重視哪一方才對…… …… 152

第5章 單親家長比較容易成為毒親？ 154

- 單親家長比較容易毒親化？ 156
- 毒親化的要因1 應對「貧困」的方法 158
- 毒親化的要因2 應對「孤立」的方法 160
- 單親家長身邊的人能做些什麼？ 162
- 單親家長該如何防止自身毒親化？ 164

第6章 重新檢視與父母的關係 166

- 在育兒過程中閃現不愉快回憶時如何應對 168
- 消除與父母之間剪不斷理還亂的不愉快記憶 170
- 如何與年老的毒親保持適當距離 屬於輕症程度時 174
- 如何應付年邁仍然意見很多的強勢毒親 176
- 如何與年老的毒親保持適當距離 屬於重症程度時 178
- 放不下孩子的老毒親究竟是什麼心態？ 180
- 遠離毒親，找到安心、安全的所在 182
- 若毒親已與世長辭，該怎麼做才好？ 184

第7章 活出屬於自己的人生 188

- 如何帶著自信活出屬於自己的人生 190
- 改善與父母的關係，亦能解決人際關係的煩惱 194
- 再生一個也可以?! 是否該有第二胎？ 200
- 被毒親養育長大的人該如何打開情緒開關 202

後記 204

第1章

莫非我就是毒親……？

我該不會
其實是
毒親……？
小健！
快點準備好！
不然會趕不上跟人家
約好的時間喔。
快來戴好帽子！
動作快!!
我不要～
辛苦妳了～
小健！給我回來！
不准亂跑！
氣急
敗壞
別人家的孩子都好聽話，
實在很丟臉……！
你今天一點都不乖，
不給你去玩了。
餘怒
未消
媽媽
為什麼在
生氣呀……
每天都
重複上演這樣的情況，
日積月累下來……
媽媽
我可以玩這個嗎？
其實我比較
想玩那個……
那你怎麼
不早點說呢？
咦？
莫非是我
管太嚴了嗎？

別以為毒親與自己無緣！你也可能加入毒親的行列?!

毒親，究竟是什麼樣的父母親？

對孩子感到火大不耐煩而忍不住大聲斥責、孩子不聽話而忍不住動手教訓……相信很多正在育兒路上奮鬥的家長們應該有過這樣的經驗。然而，若管教情況變本加厲時，就有可能演變為「毒親」。

讀者們在看到毒親一詞時，會產生什麼樣的聯想呢？這個詞彙本身散發出一種凶狠的氛圍，往往會讓大家認為與自己無關，實際上即便程度沒那麼嚴重，也有可能符合毒親的認定標準。

毒親是美國心理學家蘇珊・佛沃（Susan Forward）女士的著作《TOXIC PARENTS》的日文譯名，其將毒親定義為：**會對孩子帶來負面影響的父母親**。

具體而言，過度刺激孩子的恐懼心、責任感、愧疚感，無視孩子的想法與感受，肆意控制，這樣的家長即為毒親。毒親的一大特點就是，對孩子設有一定的條件，主張必須達標才有資格被父母疼愛。

照理說，父母親對孩子的愛應該是無條件的，不是因為孩子成績好才愛，或是因為乖巧聽話才愛。然而，**以條件來衡量孩子值不值得被愛，其實就是毒親最大的特徵**。

另一大特點則是，很多毒親並非刻意為之，卻在無形中掌控著孩子。也就是說，會無意識地做出這樣的行為。而且有些父母還認為，這都是為了孩子好而積極介入。

完全欠缺這是在傷害孩子的自覺。

或許已在不自知的情況下變成毒親

毒親的徵兆會從下述情況開始顯現。

○ 家事力求做到盡善盡美，否則絕不罷休

○ 跟風盲從，想給孩子最好的

○ 隨時都想掌握孩子的行蹤

我想應該也有不少讀者認為自己符合這些情況吧。這樣的家長其實可能就是毒親預備軍。或許可稱之為「灰親」、「黑親」。接下來將為大家詳細解說毒親的各種言行。

毒親究竟是什麼樣的父母親？1
令孩子心生恐懼

令孩子感到恐懼的4種虐待

毒親的典型事例有3種，也就是過度刺激孩子的「恐懼心」、「愧疚感」與「責任心」。接下來會分別針對各個項目進行說明

首先是「令孩子心生恐懼」，這可與所謂的虐待畫上等號。不知是否因為新聞所報導的虐待案大多情節重大的緣故，大眾往往認為虐童乃罕見案例，不過根據厚生勞動省所發表的令和2年度（2020年）兒童虐待諮商受理件數實則超過20萬件，而且年年增加。虐待可大致分為以下4種類型。

1. **心理虐待**
2. **身體虐待**
3. **疏忽照顧（放棄撫養）**
4. **性虐待**

在這4種類型中，比例最高的是❶心理虐待，占了整體的6成。具體來說，像是高分貝地怒罵「你就是什麼都不會」，或是「不聽話就不給你飯吃」這種語帶威脅的態度，即屬於**言語虐待**。即便是半開玩笑的說詞，例如「要是壞人把你抓走就好了」、「其實你是從別的地方撿來的」，孩子也會因為無法分辨真偽而感到無比恐懼。此外，「當初就不該生下你」這種話，會在孩子的心靈留下無法抹滅的傷痕，直到長大成人後依然無法忘記。諸如此類輕視，以及無視孩子存在意義的言論，就是很常見的心理虐待。

不只如此，又如「你為什麼沒辦法像哥哥那樣啊」、「再這樣下去你會跟姊姊一樣沒用喔」等，拿手足做比較的行為也屬於心理虐待，而且這樣的情形其實意外地多。夫妻吵架到上演全武行，抑或父母親情緒不穩定讓孩子目睹割腕的景象，全部都是心理虐待。

把孩子關在外面也是一種身體虐待

❷身體虐待亦即透過毆打、踹踢等對孩子**暴力相向與造成危害的行為**，約占整體件數的25％。毆打、踹踢，

以及用滾燙熱水澆淋孩子等行為，已是情節重大到足以登上新聞版面的程度，然而，在寒冷時節將孩子關在外面或儲物櫃內也屬於身體虐待。這是很常見的管教方式，我想應該有不少人認為自己並未對孩子拳打腳踢，而不知曉這其實也是一種虐待吧。

是否總是被手機綁架？

❸疏忽照顧（放棄撫養）約占整體的15％。**不提供必需的飲食與衣物**是相當典型的疏忽照顧事例，不過，像是將孩子留在家中或車內自顧自地外出，或者是明明孩子生病受傷卻不帶去就醫，這樣的行為也包含在內。帶孩子去醫療院所看病，對有些家長來說是一筆不小的支出，所以會乾脆不將孩子的病痛當作一回事，覺得「忍一忍就過去了」、「睡一覺就會好」，而不肯前往求診。即便實際情況不是很嚴重，孩子也會認為「明明我這麼難受，爸媽卻不聞不問」而感到受傷難過。

此外，近年來逐漸引發大眾熱議的則是父母沉迷手機的問題。家長因為長時間玩手遊或流連社群網站，就會忽略孩子的各種感受與需求。**父母親只顧著滑手機，對孩子棄之不顧**，據悉即為演變成疏忽照顧的前兆。

家長本人也未有自覺的性虐待

❹性虐待是指，**父母對孩子做出猥褻行為或進行性侵害**。這是相當令人憤慨的惡行，據悉約占整體虐待案件的1%。以比例來看雖然很少，但有鑑於孩子遇到這種事時難以主動說出口，以及幼兒根本不曉得什麼叫做虐待，故可研判實際件數應該更多，不只1%。

其他像是孩子明明不願意，卻逼其共浴，抑或父母洗完澡後光著身體在家裡晃來晃去，都是接近性虐待的行為。

這4種類型就是助長孩子恐懼的典型毒親作風。

＼井上醫師的建議／

有些虐待行為其實連當事人都不自知？!

聽到「虐待」一詞，大家往往會認為與自己無關，然而，只顧著滑手機而對小孩不聞不問、拿手足來比較，這些情況其實意外地多。長大成人後回顧孩提時代，才發現以前父母親的言行實屬虐待者亦所在多有。

毒親究竟是什麼樣的父母親？2
過分對孩子強調責任心

過度干涉是變成毒親的第一步

毒親的典型事例之二為「過分對孩子強調責任心」。最先顯現的徵兆則是過度干涉。

一般認為過度保護與過度干涉不同，搶先為孩子的各種心願鋪路即為過度保護；相對於此，**過度干涉則是孩子本人沒有意願，卻搶先為其安排好一切事物**。換言之，過度干涉意指，父母完全不顧孩子的感受與想法，舉凡服裝、髮型、交朋友、學才藝、讀哪間學校、社團活動等，全都擅自替孩子做決定。這類型的父母親會認為自己是在做正確的事，而不是在害孩子。

因此，即便孩子表示想嘗試某項事物，父母也會說不行、不對、不可以，予以全盤否定。當這種情況變本加厲時，就有可能演變為現今所說的第5種虐待——**「教育虐待」**。

這類家長總是以「為了孩子好」為名，煞費苦心，但父母親對孩子的期許是永無止境，看不到盡頭的，所以會不斷提高標準，力求好還要更好，要求孩子消化難以負荷的學習量或練習量。當孩子表現欠佳時就會痛罵訓斥，出言恐嚇再這樣下去將來會變成廢物，或者是語帶嫌棄地表示「你實在比不上哥哥耶」。聽到這些話，**孩子的責任心會受到刺激，覺得不可以辜負父母的期待、必須努力再努力，而愈發感到痛苦**。

教育虐待的家長可分為2種類型

有關教育虐待的部分，再詳細為大家做一下說明。容易造成教育虐待的家長，**若不是高學歷，就是對學歷感到自卑**，位於中間者則不太會出現這樣的情形。

高學歷者中有很多人過著優渥的生活，這類型的家長往往認為讀書才是正道，也想讓孩子走上這條路。他們會基於把書讀好最重要的觀念，一味要求孩子學習，從不考慮孩子的能力範圍，並以自身過去的經驗為例，超乎必要地給予激勵。他們不是從孩子的角度出發，而是以自身的立場做判斷，結果就是讓孩子備感痛苦。

另一方面，對學歷感到自卑者往往認為，自己因為沒有好學歷，人生才會不順遂，為避免孩子步入後塵，總是逼子女念書，不准他們跟其他小朋友玩，抑或指定補習班處處干預。有些父母親甚至會擅入孩子的房間，將無關課業學習的漫畫或遊戲丟掉。

玩樂對於成長也很重要！

與同儕玩樂、親子之間的肢體接觸互動，以及每晚有充足的睡眠，都是孩子在成長過程中所不可或缺的元素。除了學業以外，還有許多重要的事物。**累積各種經驗，經歷過失敗，懂得判斷善惡，孩子才能逐漸成長。**完全跳過這些日常學習機會，奉行課業至上主義，無疑是非常危險的做法。

實際上，教育虐待較難從外在行為察覺，父母親頂多會被認為是「熱衷教育的家長」，而不容易被發現。

最重要的是孩子的真實感受，但他們往往無法順利地表達出來。教育虐待的父母親通常會辯稱「孩子也同意這麼做」。然而，這必須考量到一個大前提：**孩子無法完整地透過口語傳達自身的感受**。儘管嘴上說同意，但這只不過是為了回應父母的期待所做的回答，內心可能只有6、7成的意願，不情願的感受則占了3、4成也說不定。若家長忽視且不理解孩子的真實情緒，遇到孩子表現欠佳時，就會以「明明是你自己說要學的耶」來出言教訓。

心理壓力會造成尿床或抽動症

當教育虐待的情況加劇時，孩子在精神上會愈來愈無法承受，而逐漸出現腹痛、全身無力等原因不明的身體不適症狀。可能也會發生已升上國小高年級依舊會尿床等返嬰現象，以及眨眼、搖擺身體等運動型抽動症。由此可知，親子間的關係對孩子的身心影響有多巨大。

\井上醫師的建議/

孩子的存在本身便值得感激！

自覺沒有滿足父母的期待、自責令父母感到失望難過的孩子，是難以培養出自我肯定感的。還請家長們不要只看結果，應多多稱讚孩子在過程中所付出的努力。希望大家都能對擁有孩子這件事心懷感恩，在追求各種結果之前，懂得珍視孩子的存在。

毒親究竟是什麼樣的父母親？3 讓孩子產生愧疚感

只得乖乖聽父母的話？

當孩子未滿足父母親的期待時，就會產生愧疚感。擅長心理操控的家長會以「你之前說要自己來，結果根本做不好，所以還是聽我們的吧」這類說詞來發動攻勢。

孩子聞言會想到的確是自己搞砸了，因而**感到內疚，只得聽從父母所言，繼而逐漸被控制**。

其他像是精神狀態不穩定，動輒割腕尋短的家長當著孩子的面表示「如果你不聽話，媽媽就死給你看」。孩子目睹此景會因為擔心媽媽真的死掉而不敢違逆。然而，這類型的父母卻認為「我又不是揚言要殺死孩子，所以根本不算虐待」，習於以自身的性命或健康當籌碼來刺激孩子的愧疚感。遇到這樣的狀況，孩子會感到無所適從，只能任父母擺布。

夫妻吵架與孩子無關

有些遭到家暴的母親會明白地告訴孩子「都是因為你沒好好用功，媽媽才會被爸爸打」。聽起來很悲壯，說穿了也是在刺激孩子的愧疚感。其實這種事不應該對孩子訴說，而是必須跟自己的丈夫好好溝通才對。家長卻將責任轉嫁到子女身上，來讓自己的心裡好過一點。這是很令人咋舌的事例，但有鑑於虐待通報超過20萬件的事實，這樣的情況在現實生活中或許層出不窮。

這類型的虐待被外界發現時，醫院或學校就會通知行政單位，為封閉走調的親子關係帶來轉機。有些父母直到此時才發現自己給孩子帶來多大的壓力，抑或得知自己的身心出狀況，進而體悟與察覺到各式各樣的過失。因此，希望家長們能秉持著孩子的成長需要各種養分，而非僅憑父母之力就能茁壯的想法，打開家門，與外界有所接觸互動，為自己與子女找出活路。

在毒親的教養下，孩子的自我肯定感會變低

家有毒親的孩子強烈渴望獲得認同

被毒親養育長大的孩子，總是被禁止這也不可以、那也不可以，自我的存在不斷遭到否定，所以自然**無法對自己產生信心，也會變得十分在意周遭的眼光**。

因為在意周遭的評價，總是小心翼翼地看人臉色的這種習慣，即便年歲增長也難以擺脫。當這樣的模式定調時，長大成人後的人際關係也不會太順利。

由於從小到大都無法獲得父母的認同，因此想被肯定的念頭會變得無比強烈，**尊重需求有時甚至比一般人高出一倍**。所以當他們找到能夠滿足自身這項需求的對象時，就會害怕被拋棄而顯得百般依賴。往往會展現出過度的嫉妒心，處處束縛對方以期能勉強維持住彼此的關係，但這麼做只會令人感到身心俱疲，挽不回對方的心。

被溫柔對待時就會不禁淪陷

假如是與交往對象鬧僵，為了挽回關係，就會輕易說出「如果你堅持要分手的話，我就死給你看」之類的不恰當言論。由此可知，在其心目中，願意認同自身存在的人有多寶貴，所以才會如此害怕被拋棄。

此外，對這類型的人而言，只要有人肯接納自己，即便只是表面上的溫柔也會為之傾倒。**只要有人稍微對自己好一點，一顆心就會立刻被奪走。**然而，像這種表面上溫柔，或者是一開始表現得很溫柔的人，可能意外地具有暴力傾向。

會動粗的人原本就是一下表現得柔情似水，轉眼暴力相向，然後又突然變得溫柔貼心，透過這樣的方式來控制對方的心理，因此被毒親帶大的人，其實很容易中鏢。這就像是自己在家裡所目睹的父母關係的翻版，然而有些人反而會莫名感到熟悉且當然。這正說明了為何從小看著母親被家暴的孩子，長大後也會跟具有暴力傾向的對象在一起。明明絕對不想重蹈父母的覆轍，卻還是走到這一步的原因就在於，**遇到有人輕易接納自己時，便會產生心理依賴的緣故**。

無法自行做任何決定

毒親在教養方面會為孩子決定好所有的事，是幸也是不幸，由於孩子只能照著父母親的安排行事，因此長大成人後，**很多人會對自行作主決定的事感到內疚或不安**。

由於在意周遭的眼光，若沒有人幫腔表示贊同「這樣很不錯呢！」就會對自己所做的決定感到恐懼。逛街購物也很難拿定主意，亦經常發生實際上沒有需要，卻因為店員推薦而買單的情況。

例如挑選手機資費方案時，將店員所推薦的項目照單全收，若根本沒用到其實只是白花錢而已。不僅限於這種日常生活中的小事，舉凡搬家或轉職等人生重大決定，也無法自行判斷作主，若沒有人在背後推一把「這樣做是不是比較好？」有時便無法邁開腳步。比方說，在職場上遇到上司霸凌等身心備受折磨的狀況，**由於這類型的人對於選擇逃脫這件事比一般人具有更深的罪惡感，因而會對自己能否這樣做感到迷惘，遲遲無法下定決心**。日積月累下來身心受到重創，有些人直到被規勸就醫才首度到醫院尋求協助。總之就是無法自行判斷，拿捏適當的行動時機。從小到大無論是好還是壞都由父母親代為做決定，所以會對於自主做選擇這件事感到排斥。

共通點為自我肯定感低落

被毒親養育長大者的共通點為**自我肯定感低落**。畢竟凡事動輒遭到父母反對，因此很難對自身產生自信。正因如此才會在意周遭的目光。

當這類型的孩子為人父母後，由於太過在意他人的評價，會將孩子的表現當作是自己的教養成績，但這樣的想法實在非常危險。

＼井上醫師的建議／

毒親教育無助於孩子建立自信

在毒親的教養下，由於孩子長期以來處處遭到否定，因此無法建立自信，十分在意周遭的眼光。總是小心翼翼地看人臉色，人際關係亦不順利，只要有人願意稍微接納自己，就會表現得相當依賴執著。難以自行做任何決定也是這類型人的一大特徵。

育兒教養充滿壓力！任何人都可能變成毒親的原因

毒親化的根源為育兒的不安

認為「我才不是毒親」的家長相當多。然而，這只是缺乏自覺罷了，很多父母親與孩子的互動方式其實意外地危險。這是因為，大多數的家長**對育兒教養皆懷抱著巨大的「不安」**。由於無法順利排解自身對育兒的不安，才會衍生出毒親言行。正因為根本原因在於育兒的不安，因此任何人都有可能變成毒親。育兒焦慮與其他焦慮情緒的不同之處在於，**自我責任非常重大**。換句話說就是無法逃離這樣的狀況。如果是工作的話，可以乾脆離職或透過其他方式來尋求解脫，但在育兒方面，打從一開始幾乎就沒有出逃這則選項。不只如此，社會還瀰漫著一股父母親把孩子教好是天經地義、家長不能表現得洩氣軟弱的風氣，因而形成難以計量的沉重壓力。

此外，在工作上至少還能獲得其他人的協助，但在育兒教養方面的援手卻相當稀少。大多僅限伴侶或親屬。而且，如果彼此住得不夠近的話，基本上等於孤立無援。面臨這種情況時，加諸在父母身上的責任感與壓力就會變得更大。

將壓力發洩在孩子身上……

而且育兒所面對的是充滿變數、不按牌理出牌的孩子。在工作的處理上，輸入A就會顯示A，但在育兒方面輸入A卻不知為何會跑出C，這就是難處所在。面對這樣的難題，既無法向他人求助，亦不能灰心喪志，必須堅持下去，因此**育兒教養實在是充滿壓力的一件事**。原本當父母親感到心力交瘁時就該發出SOS訊號，打開家門，以獲得多方協助，這才是理想的處理流程，然而世間無形的從眾壓力，卻不允許父母親舉白旗投降。結果家長只能獨自承受，選擇將一切壓抑在心頭，假以時日終將爆發，並波及到年幼弱小的孩子。

再說，即便是自己的親骨肉，應該也沒辦法一年365天，一天24小時都捧在手掌心疼愛吧。既會對孩子感到火大，也會有想痛扁他們一頓的時候，這是再自然不過的情緒反應。若懂得善加控制，就不至於變成毒親，若無法做到則有可能踏上毒親這條路。

大多數人都有成為毒親的潛能?!
變成毒親的4大要素

當不安的情緒隱含這些要素時即有危險！

幾乎所有為人父母者都對育兒懷抱著不安。而這種不安的情緒若交雜著各種要素時就會令人逐漸走向毒親化。這些要素主要可分為以下4類。

❶ **原生家庭**

❷ **個性、人格特質**

❸ **夫妻關係**

❹ **疾病**

❶原生家庭指的是，**自己的父母也是毒親**，因此無法對自己產生自信，在育兒方面也會在意他人的評價。❷個性、人格特質指的是，**完美主義、容易感到孤獨、愛操心**，以及**不太能察覺到孩子痛苦、難受等各種情緒**，或對這種事沒有概念的遲鈍之人。❸夫妻關係則是指，**夫妻感**

情不睦。尤其是母親在家中的處境孤立，在外亦沒有工作或興趣方面的往來交流時，就會希望自己能被孩子需要，將孩子當成滿足自身尊重需求的存在。

此外，獨自一人教養孩子＝偽單親的育兒生活亦具有相當高的危險度。夫妻感情和睦時，有另一半做後援會令人感到安心，然而，夫妻感情不睦時，育兒的辛苦無法獲得另一半的理解，一切都得獨自承擔。**缺乏另一半的體恤與協助，轉而遷怒年幼弱小的孩子**是很常見的情況。

有時可能是疾病造成的

關於④疾病這點，其實被稱之為毒親的家長當中，**有發展障礙或輕度智能障礙等精神疾患者**亦不在少數。原本便患有發展障礙或輕度智能障礙者，因為育兒壓力導致症狀惡化的情況相當常見。亦即育兒這種未知又陌生的挑戰所帶來的壓力，會讓原本控制得當的症狀又跑出來作怪。也就是說，有些人是因為患病才演變成為毒親。

其他像是酒精成癮症或憂鬱症患者亦具有相當高的風險，有時終究會對育兒教養造成負面影響。

毒親的言行舉止1
家事力求做到盡善盡美否則絕不罷休

完美主義者在育兒教養上亦追求完美

如同前面的單元所解說的內容般，家長在無自覺的狀態下對孩子所做的管教，可能會演變成毒親特有的言行舉止。最常見的毒親行為模式，就是本章開頭所提到的3個項目。

○ 家事力求做到盡善盡美否則絕不罷休
○ 跟風盲從，想給孩子最好的
○ 隨時都想掌握孩子的行蹤

首先來看第1項「家事力求做到盡善盡美否則絕不罷休」。這與毒親其實只有一步之遙的距離而已。比方說奉行完美主義，認為日常餐食不能使用冷凍食品、即食食品，絕對必須親手烹製的人，**終究會將這種想法套用在育兒教養上，也會要求孩子表現完美**。

育兒的確是責任重大的工作，但責任感太過強烈時就會陷入完美主義。尤其完美主義者會以滿分100分作為判斷基準，**只懂得以扣分的方式來看待事情**，例如沒達到哪些目標、欠缺了什麼等，因此不會注意到孩子有進步的地方，永遠聚焦在表現欠佳的部分。總是叨唸孩子這也做不好、那也學不會，令孩子愈發感到喘不過氣來。

堅持必須達標的想法會將孩子逼上絕境

這類型的人尤其容易會被「必須好好教養孩子」這種「必須達標」的想法束縛，並**將自身所深信的「正確教養法」加諸在孩子身上**。就父母本身的立場而言會覺得這是在管教、訓練孩子，但這種做法已經與毒親無異。

當家長毒親化時，就會陷入上述的思考模式，遲遲難以察覺到孩子有多痛苦。正因如此，還是需要定期停下腳步，自我檢討與反省自身的行為是否偏離了常軌，抑或是否將孩子逼到無法喘息的地步。

毒親的言行舉止2 跟風盲從，想給孩子最好的

外界的評價=自身的評價?!

舉凡要讓孩子就讀好學校、對孩子的容貌很挑剔等，「跟風盲從，想給孩子最好的」這類型的家長，是相當危險的。**對他們而言，外界的評價=自身的評價，所以會想盡辦法滿足這種顯而易見的虛榮心。**當這樣的情況變本加厲時，只要聽說是對教育有益的事物，就會不顧孩子的意見或想法，不斷逼迫其接受。這類型的家長有許多都是**對自身懷抱著自卑感**。比方說，對學歷感到自卑的人，就會想讓孩子就讀好學校、對身材感到自卑的人，就會非常注重孩子的外貌。

我有一位就讀大學的女性患者，在此稱她為Y子。在她本人因為飲食障礙而前來就醫時，我才察覺到其父母親似乎有問題。她在18歲時首度掛我的門診，身高165公分，體重大約40公斤。她從以前便一直接受飲食障礙的治療，國中時體重甚至不到35公斤，偶爾會因此住院，

勉強維持著日常生活。據她表示，父母親對身材的要求很嚴格，而且非常注重外貌。Y子原本為50公斤左右，父母親卻再三唸她「太胖了」，因此她逐漸變得食不下咽，並罹患飲食障礙。

不希望孩子幸福的父母

自卑感是很棘手的情結，有些父母親也會因為這樣而**「不希望孩子幸福」**。雖然期盼孩子能完成自己未竟的心願，但這卻不是終極目標。當孩子克服了父母親的自卑事項後，反倒**凸顯出父母的自卑感，令他們無法忍受這項事實**。就結果而言，孩子的表現更加刺激了父母本身的自卑情結。原本會變成毒親的人就是因為心理需求未獲得滿足，當孩子表現傑出感到幸福喜悅時，家長就會覺得只剩自己被留在原地，孩子則離自己愈來愈遠。所以，他們雖然希望孩子能考上好大學、變得漂亮帥氣以符合普世價值，卻無法打從心裡為孩子的幸福感到歡喜。

毒親的言行舉止3
隨時都想掌握孩子的行蹤

親子之間保持適切的距離感至關重要

有些家長會說「想隨時掌握孩子在哪裡做些什麼」，這種做法也會演變成控制，變本加厲時會相當危險。若孩子還是小學生，雖然有必要掌握最基本的動向，但明知孩子在外面玩，卻一連打上好幾通電話緊迫盯人，應該無法稱之為正確的距離感。這或許是出自想守護孩子遠離危險的父母心使然，但這麼做會**令孩子失去精神上的自由**。

有些家長會擅自進入孩子的房間，而且習以為常，如此一來，對孩子而言，這個家甚至連自己的房間都不是能感到安心、安全的所在。當這樣的情況愈演愈烈時，父母親就會亂翻孩子的書桌抽屜，或偷看其手機內容。若走到這一步就完成變成毒親了。要進入孩子的房間時，請告知理由並徵求孩子的同意才入內。欲防止毒親化，親子之間**保持適切的距離感是非常重要的**。

感到不安時就會想控制孩子

為何父母親會如此想控制孩子呢？原本人類就具有想舒適過日子的欲求，並會為此打造良好的環境。照理說，人無法操控出現在這個環境的其他人，但如果能做到這點的話就能落得輕鬆，得以舒心過日。就這層意義而言，人其實是具有控制欲的，不過在理性上倒也理解這是不見容於社會規範的行為。然而，當內心深處覺得不安或感到活得很痛苦、無容身之地時，這項欲求就會變得強烈。

因此，愈是對育兒教養感到不安的人，愈會想控制孩子。尤其在養育子女的過程中，外界的評價與規則會形成父母親的期待，當孩子未符合這些標準時就會感到不安。如此一來，**就不是從為了孩子著想的角度出發，而是以父母自身的需求來育兒**。雖說是自己的孩子，卻也是獨立的個體，不容旁人加以操控。但父母親卻因為小孩不具有任何經濟能力，亦缺乏體能與生活能力，而誤以為能夠加以支配掌控，使其乖乖聽話。這種會錯意又矛盾的想法恐怕會助長毒親化的速度，著實令人感到憂心。

會與不會變成毒親的人有何不同之處？

化解不安的祕訣在於彈性思考

我想應該有很多人對育兒教養感到不安。若無法順利化解這種焦慮的情緒時，就會演變成為毒親；能夠順利排解時，就不會走上毒親這條路。

化解方法之一為**「能否做到彈性思考」**。育兒不必講究完美，順其自然孩子也會長大。寶寶哭鬧時覺得稍待個2、3分鐘再安撫也無所謂的人，具有較強的心理素質。

另一方面，怕孩子無法好好成長，覺得必須捧在手掌心呵護，寶寶一哭就忙不迭安撫的人則會愈來愈感到身心俱疲。

此外，**善於處理壓力的人也不易變成毒親**。懂得轉換心情的人，偶爾會將孩子託人照顧，並利用這段時間來個全身按摩，或到咖啡廳放鬆一下，適時地取悅自己。

很多正在育兒路上奮鬥的父母親，由於作息變得不規律再加上睡眠不足，承受了相當多的壓力，卻未加以應對處理。很多人並不允許自己偷得浮生半日閒。然而，任壓力不斷累積時，終有一天極有可能會在某處爆發，這點自是無需贅言。

請把家門打開！

懂得及時排解壓力的人，也會適切地對外打開家門。我經常說**「請把家門打開」**，因為緊閉家門時，家人之間的關係會被封閉在內，無論是個人想獲得認同的需求或是煩惱，都只會在這個僵化的環境中無限循環而已。如此一來，面對所有事物都會失去柔軟的心態，可以預見的是，父母親就會轉而將情緒發洩在孩子身上。生活圈的往來對象只有家人是非常危險的。

敞開心扉，與其他人有所互動，進而獲得指點，像是主動與前輩媽媽或爸爸們聊聊，聽到「我們家也是這樣呢」的經驗談，心情就會隨之變輕鬆，覺得「原來大家都經歷過呢」。所以才說打開家門是相對有益的。

若盼望孩子能身心健全地成長，比什麼都重要的是，必須讓家成為令孩子感到安心、安全的所在。打開家門，與外界有所接觸時，就結果來看，對孩子來說家就能成為既舒適又安心、安全的避風港。

熱衷宗教或政治活動的家長屬於高危險群?!

過於狂熱時會信奉單一價值觀

很多熱衷於宗教或政治活動的家長最後會演變成為毒親，但周遭其他人難以對此提出規勸，家長本身亦往往無自覺。就這層意義而言，具有相當高的危險度，我會在文末針對這類型的毒親提出建議。

在日常生活中從事宗教或政治活動，當然是沒有任何問題的。會有問題的則是過於狂熱，以至於失衡的狀態。如此一來就會快速毒親化。

這是因為，這類型的活動所形成的團體力量非常強大，往往流於一言堂，杜絕其他的看法或意見。當家長沉迷篤信時，就會**容不下其他價值觀，而與本應秉持著多元開放的態度來育兒的做法背道而馳**。

親子之間的意見相左，有時可能會讓孩子感到非常痛苦。例如，新冠肺炎的疫苗問題。我曾聽聞，有家長在校門口發放「反對接種疫苗」的傳單，導致孩子覺得抬不起頭的情況。

每個人對疫苗的觀點與想法不同並沒有問題，話雖如此，目睹父母親在自己就讀的學校前宣傳這樣的主張時，孩子肯定會不開心到極點。應該會覺得難為情，希望父母親別再這麼做。然而，這類型的家長卻不會就此打退堂鼓，結果導致孩子的心理壓力愈來愈大。

打破封閉狀態，拯救孩子！

奉行特定教條的家長當中，有些人並不相信醫療院所的診治。雖然孩子感冒時會帶去就醫，卻對醫師表示「不必開藥」。

像這樣的家庭**需要外界各方人馬介入來打破封閉的狀態**，但家長的態度卻很難讓醫療或行政單位成為開路先鋒。在這樣的情況下，如果學校有辦法加以介入的話是最好不過的……。總之，就是先找出管道，想辦法伸出援手。每當聽到有孩子因為父母親的所作所為而心理受傷時，總讓我感到痛心與不捨。

導致毒親化的精神疾患 1 發展障礙、輕度智能障礙

欠缺共感力與想像力會對孩子造成傷害

不明白孩子內心已受傷、不了解孩子的痛楚……，無法站在子女的立場來思考事物的家長，雖具備毒親的要素，但當中其實有不少人患有發展障礙或輕度的智能障礙。一聽到障礙，大家可能會聯想到難以適應社會的狀態，不過他們尚能融入社會生活，周遭之人頂多覺得他們為人處世有點笨拙，或有點特立獨行，完全不會察覺到患有障礙的情況。然而，實際上這類型的人由於欠缺共感力與想像力，所以經常會對孩子做出符合毒親定義的言行。

比方說忍不住想唸孩子幾句，或感到火大不耐煩是家長們都會有的反應，這完全是OK的。然而，患有障礙的人情緒一來時，多半具有口不擇言，抑或衝動行事的傾向。完全不管孩子會因此產生何種感受。

在我的門診中也有家長對著已成年的女兒表示「妳長得這麼醜，怎麼可能嫁得出去」。其實家長是想表達「既

然妳嫁不出去，那就只能進好公司上班，不然人生就完蛋了」。跟家長詳談之後會發現，他們並非有意如此尖酸刻薄，而且覺得自己只是確實陳述客觀事實，給予正面積極的建議罷了。然而，對子女而言，聽到父母親說出這種話，不僅感到錯愕，也會覺得不愉快，但家長卻對此無所覺。在發展障礙中，具有自閉症類群障礙（ASD）特質者較常出現這樣的言行。

一想到什麼就會馬上行動！

另一方面，被診斷為ADHD（注意力不足過動症）的人，則會出現與上述截然不同的毒親言行。ADHD患者易衝動，經常粗心大意，有時會擅自做出行動，未顧慮到孩子的想法。比方說，事先完全沒跟孩子討論，就為其報名才藝班或補習班。抑或孩子在學校跟同學起爭執，未取得孩子的同意便直接前往對方家裡，央求「請跟我們家的孩子當好朋友」等諸如此類的言行。家長本人是為了孩子好才會這麼做，卻不得要領。不認為這樣的行為有何不妥之處，就是這類家長的特性。

當父母親習於衝動行事時，孩子根本無法安心，隨時提心吊膽不知道爸媽又會惹出什麼事，而備感折磨。發展障礙者之所以容易變成毒親，正是出自這樣的理由。

因社會孤立而引發憂鬱症

此外，發展障礙者的特性為不善於解讀他人的情緒，因此有時會哪壺不開提哪壺，思維較沒有彈性，對某些事物過於執著等。因為這樣以致人際關係不順者不在少數。除了家人以外沒有自己的社交圈，導致社會孤立的情況所在多有。若問家庭是否會因此幸福美滿，倒也不見得，由於難以跟另一半建立良好的溝通，所以經常吵架，在育兒教養各方面則絕對不肯讓步。就算子女提出抗議，還是會強行為其決定服裝、髮型、補習班或才藝班，當孩子展現出反抗的態度，就會感到火大煩躁，愈發毒親化。

有些發展障礙者察覺到自身的這些情況時會前往精神科諮詢，然而，這類型的人往往因為孤立而獨自承受著所有的煩惱，最終會因為出現類似憂鬱症的症狀而必須接受治療。

情緒異常低落、突然哭泣、情緒起伏劇烈、不斷湧現煩躁不耐感、睡眠出問題、害怕與人見面……聽到這些症狀，一般會初步研判是憂鬱症，再仔細問下去才會發現，有些患者本身具有發展障礙或輕度智能障礙的情況。

首先學會承認自身的過失

有時會使用藥物來治療發展障礙，不過為了改善患者的人際關係，主要會以「認知行為治療」這種方式為中心，進行社會技巧訓練，以助其融入社會生活。

若患者已毒親化時，第一步就是從承認自身的過失做起。因為這類型的家長總認為自己的管教方式正確無誤、自己有好好在教育孩子，因此首要之務就是改變這樣的想法。他們想盡辦法要為孩子打造「無可挑剔的家」，因此，促其明白這世上根本沒有這樣的家庭即為最初的步驟。接下來則請他們站在孩子的立場重新思考，若父母擅自進入自己的房間、干預自己的交友情況時會做何感想。在這階段，我們會告訴患者，不要因為對方是自己的孩子便輕視其存在，切勿忘記孩子是獨立的個體，彼此是對等的關係。

患者會透過社會技巧訓練，學習在適當的時機表達「謝謝」、「對不起」、找人說話的時機，以及各種不成文的習慣與規定。

只不過，這種治療相當費時，不只是患者本人，伴侶與孩子其實也很辛苦。因此必須打開家門，讓學校老師、兒童諮商所、保健中心等各界人士參與進來，對孩子提供協助。家長持續努力改善自身的問題，並結合周遭一起來守護孩子的這種意識是相當重要的。

無法遵守與孩子的約定

輕度智能障礙者在自理日常生活方面是沒有問題的，但若是稍微有點難度的事項，就會應付不來。在工作表現上最明顯的就是記不住東西、記性不好等。比方說在職場接聽電話，但掛斷後就忘個一乾二淨。記得有人交代了什麼事，卻完全想不起內容。好像聊到某本書，但究竟聊了什麼卻一點印象都沒有。

這樣的情況也會出現育兒教養上，動輒忘記與子女的約定。像是明明約好週末要帶孩子出去玩，卻又安排了其他的行程。這會令孩子覺得「期待落空」而感到受傷。畢竟孩子不見得知曉父母親的隱情，會因而認為爸媽不在乎自己。

此外，這類型的人亦不擅長讀寫抽象的文章，可能會看不懂學校所發的講義內容，或是無法確實備妥孩子所需的物品。

遇到突發狀況就會不知所措

除此之外，具有輕度智能障礙者大多不善於應對突發狀況，這點放諸發展障礙者亦然。比方說孩子突然發燒，必須請假帶去就醫時，整個心思就會被這件事占據而無暇顧及其他，並壓根忘了應該向所屬職場聯絡臨時有事會遲到。同事們因為找不到人而混亂，而這樣的狀況已不知發生過幾次。不只小孩受到連累，周遭之人也會深感困擾。這類型的疾患沒有辦法根治，必須靠當事人以適合自己的方式來彌補應對，當然，也需要身邊的人在某種程度上的協助。

導致毒親化的精神疾患 2
酒精成癮症

為了消除不愉快的感受而喝酒

在毒親當中其實不乏酒精成癮症患者。成癮症總給人一種為了追求歡愉而無法自拔的觀感，實際上卻是「為了減輕目前的不愉快情緒才這麼做」。無論是酒類或毒品，大部分人都不是為了追求精神上的快感才服用，而是負面情緒非常強烈，為了加以緩解才沾染這類物品。以育兒來說，養育孩子總是伴隨著不安，為了多少減輕因寶寶夜哭情況嚴重，自己也無法熟睡的煩惱，轉而借助酒精之力。

話雖如此，這類家長並不是一開始就喝很多，不過，一旦起了頭後，飲用量就會漸漸增加，並陷入只有靠喝酒才能消除育兒壓力的思維裡。這稱之為「認知扭曲」。如此一來，只要覺得有壓力就會先喝再說，藉由酒精的力量來抒解，結果會不自覺地愈喝愈多，最後連自己都無法控制，演變為成癮症。

疏忽照顧是成癮症者最先出現的虐待行為

酒精成癮症者的特徵為，可以用來排解壓力的方法很少。由於只要喝酒就能消除壓力的認知已深植於腦海的緣故，所以一感到有壓力就會立刻開喝。當孩子逐漸長大，會亂破壞東西、大哭吼叫而令其覺得火大不耐煩時，總之就是先喝再說。到後來，喝酒的優先度反而高於工作、育兒與家事。這就是成癮症的最終型態。

因此就虐待類型來看，最初大多為疏忽照顧。例如不為孩子張羅餐點，只顧著自己喝酒。此外，在酒精的催化下會失去理性，只要受到一點點刺激就會變得乖戾粗暴，或許可稱之為酒精成癮症的典型行為。

若是已婚男性，大多會將怒氣發洩在妻子身上，往往會演變成家暴。在家暴個案中，丈夫為酒精成癮症者是極為常見的情況。

透過藥物或團體治療來戒酒

酒精成癮症有各式各樣的治療法，其中一項為藥物治療。效果雖然因人而異，不過在服用藥物的期間飲酒時，身體會無法分解酒精，繼而引發不適，能讓當事人不再嗜酒如命。酒精成癮症者酒量好、很能喝，不過在藥物的作用下，酒量會變差而無法豪飲。此外，還有抑制喝酒慾望的藥物，兩者搭配使用來進行治療是最普遍的方法。

除了藥物治療外，也會進行心理輔導。最為常見的就是團體治療。將有同樣症狀的患者集結起來，互相討論與分享為了戒酒所採用的方法，以及什麼方式見效等。

找到除了喝酒以外的紓壓方法

不過，光憑這樣其實很難完全戒掉酒癮，學會透過健康無害的方式來化解負面情緒也很重要。例如吃美食打牙祭、泡三溫暖諸如此類的活動。排解壓力的方法百百種，無須借助酒精的力量也能做到，找出適合自己的方法即為重點所在。

導致毒親化的精神疾患 3
產後憂鬱、育兒憂鬱

因睡眠不足而陷入負面循環

家長也可能會因為產後憂鬱或育兒憂鬱而踏上毒親之路。這些憂鬱症狀的原因之一為荷爾蒙的影響，不過育兒這種陌生的體驗所帶來的壓力亦相當巨大。當孩子出生之後，母親們或多或少都會感到不安，在體力上又會面臨難以負荷的吃力情況。產後初期幾乎沒辦法好好睡個覺，導致睡眠嚴重不足，漸漸無法做出理性的判斷，平常有辦法處理的負面情緒也會隨之失控。這份怒氣的矛頭會指向寶寶，而令母親對自己感到厭惡。

如此一來，就會更加對育兒失去信心，令人愈發感到不安，明明沒什麼事卻眼淚直掉，出現以往至今未曾經歷過的深沉沮喪感。有些人在產後過了2、3個月，接著出現就連自己也覺得不妙的情緒不穩定狀況，遂前往醫院就診，而被診斷為憂鬱症。

發病的背景與原因在於育兒

然而就實際症狀來看，相較於憂鬱症，其實比較接近適應障礙症。憂鬱症與適應障礙症最大的不同在於，發病原因是否明確。適應障礙症是指，比方說因為職場的人際關係不順導致身心失衡，原因很明顯地是出在職場環境。產後憂鬱的話，原因則在育兒這件事本身。在工作方面可以暫時告假休息一下，但育兒卻無法這麼做，所以產後憂鬱的期間通常會持續較久。

陷入憂鬱狀態時會對一切事物失去氣力，精神上沒有餘裕，無法對孩子展現關愛。而且情緒會逐漸變得麻木，以致難以感受到孩子希望獲得關愛的需求，並逐步走向毒親化而成為一大問題。

改變對育兒的想法

在治療方面，有時會短暫使用安眠藥讓患者能確實補充睡眠，不過主要還是透過心理諮商來進行輔導。最普遍的做法為循序漸進帶領患者化解對育兒的偏見與堅持。

不過，若是憂鬱症狀變嚴重，會對孩子說出「我好想死」，或在其面前做出自殺未遂之類的行為，就必需住院治療，與孩子分開一段時間。

治療期間多半以年為單位。在這過程中病情當然會逐漸好轉，不過仍舊稱不上痊癒。治療經過一段時間後，有些患者會覺得跟剛開始比起來，整個人變得輕鬆許多，不過必須長期抗戰其實是很常見的。當然在這段期間也不能忘記照顧孩子的心靈，必須請各界人士伸出援手。很多人會向另一半或父母親尋求協助，但如果當事人的父母是毒親的話，其實很難發出SOS訊號。因此心理諮商師會斟酌這些情況加以開導，與患者晤談育兒想法，促其明白育兒過程中借助他人的力量不是罪。

若對育兒感到心力交瘁請前往就醫

很多產後憂鬱或育兒憂鬱症患者，都是等到病狀已相當嚴重才前來醫院就診，因此及早發現及早治療是相當重要的。即便只是覺得「帶孩子很累」也無所謂，只要感到身心不適，請立刻前往醫療院所，發出SOS求救訊號。

第 2 章

我的父母其實是毒親?!

我的父母
其實是毒親?!
回想起來，我本身也是被自己的母親管得死死的。
學什麼才藝
也是媽媽決定
女孩要穿
粉紅色
爸媽老是
在吵架
我經常被罵個狗血淋頭，接著被關在外面。
砰！
我才不要妳
這種孩子！
嗚啊
妳這孩子
真的
很沒用耶！
唸個
不停
也從來不肯
好好聽我說話。
我今天在學校啊，
跟○○……
我很忙，
等一下
再說！
長大之後
我很在意周遭的眼光，
對自己也沒自信……
醫師，我最近
都睡不著……
這可能
跟妳的父母親
也有關係喔。
咦?!

育兒不順利都是自己的父母親害的？

從前所遭受的對待或許是虐待

讀到這裡，我想或許有很多人察覺到自己之所以在育兒路上挫敗連連，原因是出在自身的成長背景，而懷疑父母其實就是毒親。回首過往，常被拿來與其他手足比較、被關在外面好幾個鐘頭、被父母埋怨「要是沒生下你就好了」⋯⋯。

在毒親的教養下長大成人後，依舊會莫名產生一種活著好累的感受。我在門診所接觸過的患者皆異口同聲地表示，每天身心都非常疲憊，無法獲得滿足，只有無盡的空虛，沒辦法產生動力或幹勁，卻又不知道明確的原因。當我試著詢問「工作會很累嗎？」患者說倒也不會。接著再問及生活方面的情況，患者則不經意地表示「我爸媽每天都會打電話來⋯⋯」。由此再進一步聊到小時候的事，患者這才說出，父母親會偷看其郵件、擅自進入其房間。「老實說，如果問我能不能接受的話，我會說不，但另一方面又覺得，父母親不就是這樣」。心理健康出問題的原因，顯然就是出在父母親身上，但當事人卻無所覺。

話雖如此，**要察覺到自己父母親的行為不合理，對任何人來說其實都頗有難度**。這是因為，大部分人只知道自己原生家庭的情況，所以不管父母親的言行有多荒腔走板，都會認為這就是常態。否定這一切就等於否定自身的過去，這需要更大的勇氣。在與患者晤談的過程中，發現其成長環境很明顯地就是有問題，並出言提醒「這其實是異常狀態喔」，有些人仍會表示「請別把我父母說得那麼壞」，遲遲難以接受事實也是很常見的反應。

舉例來說，會做出教育虐待行為的父母親，當孩子考100分時就會予以稱讚，拿不到100分時態度就會很嚴厲。所以有時顯得慈祥和藹，有時則不假辭色。就小孩的觀點來看會認為「我的爸媽雖然嚴格，但有時也是對我蠻好的」。即便遭到身體虐待，也會自我安慰「雖然有時候會挨揍被踢，但爸媽給我飯吃，也讓我去上學」。

你的家或父母親其實不正常?!

然而，家長的這種言行會導致家庭氣氛緊繃，孩子總是提心吊膽，不知是不是又會因為哪件事被揍，或被痛罵一頓。**因此，若讀者們目前正在育兒路上奮鬥，並盼望孩子能身心健全地成長，就請先從察覺自身的內心狀態做起。**明明自身的心理健康因父母親而受到傷害，卻認為「我的爸媽跟我的家就很普通啊。大部分人不都是這樣嗎？」但這種思維其實隱含著會對孩子做出同樣虐待行為的風險。

不願意承認原生家庭或父母親有所異常的人，多半會拘泥於「家人就應該這樣」的理想。所以他們堅信對待自己的孩子要稍微嚴格一點才是好、責罵子女是在進行管教，避免他們走偏。而毒親行為就會像這樣沿襲下來，形成循環。

檢測原生家庭與父母親是否異常的2個問題

檢測原生家庭與父母親是否異常的重點有2項。

其一為，「在家裡是否能產生安心感與安全感」。回到家後，總覺得情緒莫名緊繃，必須在不斷觀察父母的心情好壞與臉色的狀態下度過時，那麼這個家即屬於有問題的環境。

其二為「搬離老家後，還會想再回來嗎？」在醫院接受診療者通常會說「絕對不想再回去」。直到此時才終於察覺自己的原生家庭異常，父母為毒親的事實。由此可知，無論任何人都會覺得自己的家再普通正常不過。

目前為了育兒教養感到煩惱的讀者，請先以世上並不存在所謂的「普通家庭」為前提，捫心自問，原生家庭是否令自己感到安心、安全，以及離開老家後是否還會想再搬回去。

＼井上醫師的建議／

問自己 2 個問題

縱使父母是毒親，要察覺原生家庭與父母親有問題卻實屬不易。但若對此無所覺，就會對自己的孩子做出同樣的事。盼望孩子能身心健全地長大，首要之務就是察覺異常。請先從試問自己前述的2項問題做起。

被毒親養育長大的人，會對育兒造成什麼影響？

較容易做出虐待行為？

相信有些人是在自身的育兒過程中，才發現過去曾遭父母虐待，自己的父母親正是所謂的毒親，所以下定決心，堅決不對自己的孩子犯下同樣的過錯、要給孩子無條件的愛。然而，大部分人只知曉原生家庭的管教方式，儘管有程度上的落差，往往還是會做出與父母同樣的言行。比方說，從前自己曾有過被關在戶外2小時的痛苦經驗，儘管不想用這招對付自己的孩子，但腦中還是會閃過如果只關半小時應該沒關係吧的念頭。亦即**對於虐待行為的意識較為薄弱**。這種「處罰方式比以前自己所經歷過的程度還要輕微，應該不會有問題吧」的想法則深植於心中。

尤其是成長於昭和時代（1926～1989）的人，被父母責罵並被關在外面是司空見慣的事。也很常聽到包括學校在內都允許體罰的經驗談。在某種意義上，昭和其實是處處皆毒親的時代。當時的社會風氣認為，父母對孩子的態度嚴厲這件事本身並不是什麼罪大惡極的事，這也是在盡管教、指導孩子的責任。當為人父母者本身也有過這樣的經驗時，就比較不會排斥嚴格對待子女這件事。或許是受到從前的教養遺毒影響，很多人會表現出「這樣就算虐待喔？」的驚訝反應。在這種時代背景的推波助瀾下，虐待行為才會跨越世代不斷持續至今。

想獲得教子有方的稱讚

此外，被毒親養育長大的人，基本會上對自己沒有自信，因此對自身的育兒方式也會感到相當迷惘。到頭來只能依靠周遭的評價來判斷。換言之，**為了讓周遭之人認為「你把孩子教得真好」，而會逐漸變得想支配掌控孩子的一切**。如此一來，父母就不會以慈愛的眼神來看待孩子，而是以活在現今這個既嚴酷又不寬容的時代最常見的冷漠視線，來打量孩子的表現。當然，對待孩子的態度也會變嚴厲。不但事事對孩子下指導棋，全面掌控一切，到最後甚至會認為孩子的表現就是自己的育兒成績。

是時候該斬斷虐待的世代循環!!

斬斷虐待循環的3步驟

若自身的父母是毒親，自己也極有可能變成毒親，是我再三向讀者們強調的觀念。接著就請大家一起來斬斷虐待的世代循環。本單元會向大家說明具體方法，並透過3步驟循序漸進地進行。

步驟1：是父母不好而非自己有錯
步驟2：理解父母行為背後的心理
步驟3：找出可行的親子互動方式

步驟1：是父母不好而非自己有錯

步驟1的目的在於促使當事人認知到，現在**自己會覺得活著好累是因為「父母的錯」**。在毒親的養育下，以致心理健康出狀況者，由於從小不斷遭到父母否定，所以總認為一切都是自己不好。

實際上父母親不適切的互動方式才是罪魁禍首，但孩子卻認為是因為自己不爭氣、表現得不夠好所造成的，壓根不覺得是父母親的錯。旁觀者一看便知問題出在哪裡，但孩子本人卻摸不著頭緒。

毒親對孩子的愛是有條件的，但孩子卻是無條件地愛著父母親，因此要批評父母的不是對他們而言是相當矛盾又掙扎的事。聽到我說「你的父母親有問題喔」，很多患者會回答「請不要說這種話」。「畢竟是父母供我上大學的」、「回去老家時，爸媽還是會為我準備飯菜」則是最常聽到的護航說詞。的確，就算是毒親，當然也會有慈祥和藹的時候，絕非十惡不赦。所以我會一一分析給患者聽，告訴他們，**因為你的父母親企圖掌控你的一切，結果令你感到痛苦難受，才會引發各種症狀**。

任何人都不想把自己的原生家庭想得那麼壞。然而，事實上由於原生家庭與父母的管教方式有問題，才會導致當事人如今依然深受其苦，並對育兒生活造成影響。接受這項事實即為最初的步驟，這也是最花時間的過程。其中有些人甚至歷時數十年才走出來。不過，此乃最為關鍵的部分，加以克服才能療癒自身的傷口，以正確的心態面對自身的育兒路。因此，首要之務就是確實建立「是父母不好而非自己有錯」的認知。

步驟2：理解父母行為背後的心理

透過第1個步驟大致明白「是父母的錯」之後，接著內心會充斥著負面情緒，對父母感到憤怒或埋怨等。在這些情緒爆發之前，建議大家先「理解父母行為背後的心理」，而這即為第2個步驟。

父母之所以會變成毒親，可能是個性使然、生病導致，抑或本身也曾遭受父母虐待，其中必定涉及各式各樣的問題。話雖如此，完全沒有必要要求自己原諒父母親，**不過為了減緩自身對父母所湧現的憤恨不平情緒，理解父母本身也有各種隱情能產生一定的效果**。

實際上在醫院看診時，為了多了解患者的狀況，請其父母親一同前來接受諮商的情形亦不在少數。我會以「您的孩子精神狀況不太穩定，我想跟您聊聊身為父母親該如何應對」這種冠冕堂皇的理由，請家長跑一趟。

與家長晤談的過程中，有時會發現某些疾患的特徵，有些人則嚴重到令我認為，孩子面對這樣的父母，一定很辛苦吧。至於是否立刻告知患者這件事，則視時機與情況而定。總之會找機會告訴患者「你的父母也是因為對育兒教養感到不安才變成毒親的。而且本身似乎有某方面的疾病，所以會這樣對待孩子也是情非得已」。患者聞言後多半會表示倒也不難理解父母的心境、既然是生病的話也實屬無奈等，或許就能藉此找出以往至今所忽略的癥結點。當然，我不會說出要患者原諒父母親之類的話，而是讓他們知道，父母親是因為種種隱情而演變成為毒親的管教方式，但本質上並非有意要害子女痛苦，或是故意做出惡劣的行為。

感到釋懷心情就會變輕鬆

為了避免患者因為對父母感到憎惡，而將氣惱情緒的矛頭指向另一半或孩子，我總是盡可能**為患者提供可以令其感到釋懷的情緒出口**。

步驟3：找出可行的親子互動方式

確實完成步驟2後，接著才進入第3個步驟，找出可行的親子互動方式。蘇珊・佛沃女士在其著作中將這個過程稱為與父母親「對決」，不過被毒親養育長大的人，能具有這番氣力者實屬少數。

當然一定也有人能做到，不過日本畢竟是以家庭為中心的社會，注重家族情感的傾向相當強烈，即便遭受到極為惡劣的對待、產生厭惡的情緒，還是無法與家人全面做切割者往往占多數。有鑑於此，**在自己能接受的範圍內、就自己有辦法做到的部分，找出與父母親的相處之道，我認為才是最實在的做法**。

有些父母看到子女打算搬出去住，會用「你要丟下我不管嗎」、「你是要拋棄父母嗎」的說詞來刺激孩子的罪惡感，此時必須態度嚴正地面對這場家庭革命。

從零開始逐步累加

摸索實際可行的親子相處之道的方法為，**先將自己與父母的關係歸零，接著思考能加入哪些折衷的做法**。比方說，搬出家裡即屬於一種歸零狀態，並試想日後有沒有辦法回家小住個三天兩夜。若覺得有困難的話，那麼當天往返，抑或安排一年一次當天往返老家的行程，透過這樣的方式來增加互動。

只不過，如果在最初的步驟，未確實鞏固「是父母有錯」的認知時，一遇到狀況就會因為是否該回老家一趟而感到動搖。明明已決定一年只回去一次，但聽到父母打出苦情牌「身體狀況很不好」、「你不回來看我嗎」時，就會受到影響，莫名產生想回家一趟的衝動。若果真這麼做，一切都會打回原形，各種不適症狀也完全不會獲得改善。為了守護自己的身心健康，切記不能在此做出讓步，必須狠下心來沉著忍耐。

歷經這個過程，克服心理障礙後，原本活得很累的感受會減緩許多，在育兒教養方面自然也會順遂不少。建議有這方面困擾的讀者一定要努力堅持下去。

與其斷絕親子關係，不如尋找實際可行的相處之道

親子的緣分是想切也切不斷的

因家有毒親而深受其苦者，最常找我諮詢「可以跟父母斷絕關係嗎？」這個問題。我總是回答「請儘管放手去做」，不過就我的經驗來看，會提出這種問題的人，實際上大多無法狠下心來。能下定決心這麼做的人，在請教他人的意見之前應該會直接斬斷關係。所以，遇到這種提問時，我的實際感想往往是當事人應該沒辦法做到。

而最好的佐證就是，在下次晤談時當事人大多會表示「我想了很久，終究還是無法斷絕親子關係」。這再再說明了，孩子對於父母的愛是無條件的。**就算是毒親，但畢竟是自己的父母，所以才難以割捨**，因而陷入進退兩難的境地。

將目標放在自己有辦法做到的事項上

正因如此，既然切不斷關係的話，那就換個方法，積極找出實際可行的相處之道，亦即上一篇所講解的3個步驟。當然也沒有必要原諒父母，有時見到面也只會覺得心煩意亂而已。有些人會因為逢年過節必須回老家而感到鬱悶，既然如此的話就沒有必要勉強自己回去，也可以選擇當天來回不過夜，找出對自己來說最適切的距離感。

此外，當父母親日益年邁，做子女的想法也可能隨之改變。原本無法原諒的事，卻漸漸朝著選擇饒恕的方向發展時，不免又會對自身感到憤恨。針對這種狀況，我最常給予的建議就是，**請將目標放在，當父母過世時，能問心無愧地說出自己已盡了最大的努力來維護親子關係**。比方說，一個月大約回去探望父母一次、過年時在老家待個兩天一夜之類的，像這樣以自我為中心來拿捏親子距離感也無所謂。

然而，毒親終究還是毒親，會以情緒勒索的方式來動搖子女的決心，像是「你是要拋棄父母嗎」、「你以為只要你自己過得好就沒事了嗎」等，還請小心提防，切勿受到影響。

第 3 章

何謂
育兒教養的正解？

育兒教養的
正解是什麼？
好熱……真想快點回家。
帶小孩來公園實在有夠累人的。
可是每天又得讓孩子出來放風。
陪小孩玩居然能這麼開心，好厲害喔。
我也得加把勁才行……
……
火氣上升
媽媽～妳看～
沙子耶♪
欸……！
衣服會弄髒啦！
快穿上鞋子！
我總是感到火大煩躁。
難道是我的
教養方法錯誤？
煩躁
一觸即發
不耐
最好不要太執著於
育兒教養的
正確答案喔。
咦？
育兒是長期奮戰。將焦點放在
孩子「現在」的狀態，會比追求正解更重要。
建議您順其自然，彈性調整做法即可。
比起板著臉罵孩子，
當成趣事來看便能笑臉面對，
心情會輕鬆很多喔。
媽媽快樂最重要喔♫

絕不重蹈自身過往痛苦回憶的覆轍

意圖扮演完美的父母是很危險的

正在育兒的家長當中，有些人察覺到自己是被毒親養育長大時，為了避免自己也變成毒親，會不斷嘗試各種方法，努力當個好父母。毒親過來人要避免成為毒親，端看能不能堅守**「絕不重蹈自身過往痛苦回憶的覆轍」**這項單純的原則。若從前厭惡父母擅自替自己決定所有事，那就放手讓孩子自行作主；若從前厭惡父母擅自進入自己的房間，那就絕對不做這種事。只不過，毒親過來人因為太過努力避免重演父母的行為，往往會追求完美。尤其常見的是意圖扮演理想父母的情況，這是非常危險的做法。因為這種「理想」極有可能偏向社會所推崇的標準或趨勢。再者，追求完美會令家長身心俱疲，也會強迫孩子要有完美的表現，恐將弄巧成拙，一舉毒親化。那麼，該如何教養孩子才好呢？**答案就在「孩子」身上。**

育兒教養的主角是孩子

育兒教養的主角其實是孩子而非世人的意見。家長應該注重的是**子女目前的感受和需求**，並對此表達認同、共感其情緒，必須懂得隨時配合孩子的想法和視角來調整各項做法。

然而，被毒親養育長大的人卻不太清楚什麼才是正確答案，往往會以世人的意見作為依據，而且這些意見都令他們覺得頭頭是道。但是，這麼做卻有可能導致家長忽略孩子的感受。話雖如此，對孩子有求必應只會流於盲目寵愛。特別是有關孩子自身健康與性命安全的事，以及不可對他人造成危害等觀念，都是家長必須確實教導的部分。畢竟孩子難免不懂事，父母親就得針對其想法進行開導。若光是劈頭訓斥不可以，孩子只會覺得不明就裡地挨了一頓罵。因此，表達方式是非常重要的。被毒親養育長大的讀者們，請以「不重蹈自身過往痛苦回憶的覆轍」為大前提，將焦點放在孩子「目前」的狀態，適時地關心子女的情緒。

當顯露出毒親嘴臉時 請記錄在筆記本上！

覺得煩躁或憤怒時……

儘管下定決心「不重蹈自身過往痛苦回憶的覆轍」，有時還是會壓抑不住煩躁的情緒或怒氣，而顯露出毒親的嘴臉。這其實是人之常情，湧現這類負面情緒時，在自我內心一一分析整理這些感受是很重要的。接下來為大家解說具體做法。

首先，請準備一本筆記本，感受到自己對孩子不耐煩或想發火時，則將以下2件事記錄下來。

❶ **產生這種情緒的「時間」**

❷ **覺得煩躁或憤怒的「內容」**

關於內容方面，根據緊急度或重要性來進行分類整理也是很推薦的做法。緊急度是指，有必要立即讓孩子知曉或建立觀念的事。重要性最高的則是攸關健康或生命的事。可以將緊急度與重要性以矩陣的形式排列，也可以用5階段評判等方式進行數值化。

請先透過這些方式分析自身的煩躁感或憤怒究竟在何時因為何事而起、屬於哪一種分類，從了解自身怒氣的性質做起。

罵小孩的次數會多到自己也感到驚訝

根據記錄在筆記本的內容進行分析，就能從中看清許多事。例如，自己在用餐前總是覺得不耐煩、因為睡眠不足，上午時段比較容易發火等。這有助於回顧負面情緒的類型，掌握必須要提醒自己注意的時間帶或狀況。此外，仔細分析內容後也會發現，自己會對一些犯不著生氣的事大動肝火、亂發脾氣等。

不只如此，開始寫情緒筆記後，最令大部分人感到驚訝的是自己**罵小孩的次數之多**。大家多半會感到震驚，自己一天發火的次數竟然高達4、5次。就算是大人一天也不至於被罵4、5次。挨了這麼多罵，不用說肯定是不好受的，但自己居然每天這樣對待孩子。家長便能藉此察覺想像與現實的差距。當家長覺得這樣對待孩子有點可憐時就會稍微克制，減少罵人的次數，如此一來便有助於減輕孩子的心理負擔，打造出令其感到安心、安全的環境。

夫妻步調一致的教育方針能帶來成功的育兒經驗

育兒方針好比經營理念

對工作所產生的不安，或多或少都能透過工作上的成功經驗予以消除，然而，要在育兒方面獲得成功經驗卻沒這麼簡單。為了能有所根據來衡量育兒教養是否成功，以及產生自己把孩子教得不錯的自信心，就必須建立**名為「育兒方針」的主軸**。

育兒方針是指，將焦點放個人性情和特質上所擬定的目標，例如「盼孩子能成為對自己有自信的人」、「願孩子能成為有辦法自行做決定的人」，而不是希望子女讀〇〇大學、年薪有〇〇萬等具體事項。育兒方針相當於公司的經營理念。如同員工會朝著經營理念的方向努力般，**父母親先擬好方針，才會知曉育兒路上該往哪裡前進**。

請大家務必遵守夫妻一起討論後才決定育兒方針的原則。若夫妻之間的看法或步調不一致，可能就會上演針對同一件事，爸爸說可以，媽媽說不可以的情況，導致孩子無所適從。誠然，夫妻之間對於孩子的期許不見得一定相同，所以才需要詳加討論，交換彼此的意見，例如想以什麼樣的方式來教養孩子以期達到何種目標、希望孩子能成為什麼樣的大人等。如此一來便能釐清夫妻倆身為父母親，對於教育孩子，以及親子之間互動相處的想法。

教養與互動方式吻合育兒方針即為合格

比方說，育兒方針為「盼孩子能成為對自己有自信的人」時，由於孩子獲得稱讚才會產生自信，因此家長在教養過程中就必須不吝讚美。像這樣，**當與孩子的互動方式吻合夫妻倆所訂立的育兒方針時，即屬合格**。

夫婦一同決定育兒方針，逐步建立為人父母的自信，同時亦不忘隨時向周遭之人請益亦相當重要。遇到不安的情況時，儘管放下心來向身邊的親朋好友請求協助，進行商量討論。希望讀者們能明白，育兒不是僅憑父母之力就能成就一切。社會上雖然瀰漫著把孩子教好是應該、父母不能抱怨教養孩子很累的風氣，在此提醒大家完全不用在意這些看法。

0～1歲為親子建立依附關係的時期

將寶寶的情緒轉換為言語

欲建立親子間的信賴與依附關係，用心聆聽孩子的感受與想法是很重要的。基本上，從子女出生到進入不要不要期的2歲左右，能形成這樣的關係是最為理想的。

建立關係的先決條件為，父母親的全心接納。尤其是嬰兒時期，一切都無法照著大人所預想的情況走，往往事與願違，期望與結果有很大的落差。雖然尚無法透過話語溝通，**還請父母親解讀寶寶的情緒，將其轉換為言語並呼應其感受**。比方說，當寶寶哭泣時，共感其情緒，出言安撫，「不痛不痛」、「很冷吧」，或者是「這麼大聲嚇到了嗎」，全心予以呵護，寶寶就會非常有安全感。

當孩子哭鬧時請給予安撫，或透過肢體接觸的方式展現關愛。也就是說，由父母親主動滿足寶寶的需求。當然，有時可能也會表錯情會錯意，然而，這倒也不打緊，畢竟對寶寶來說，當自己哭泣時，有人願意即時回應與處理才是最重要的。透過這樣的方式一定能讓寶寶感受到父母的疼愛。

寶寶最害怕的就是再如何嚎啕大哭都無人聞問的情況。說得極端一點，嬰幼兒可能會因此而喪命。實際上，飢腸轆轆卻無法獲得餵哺、尿布濕了也無人幫忙更換，沒有任何大人願意為了自己而行動是非常可怕的一件事。因此，當寶寶知道有人會幫忙減緩或消除自身的不適時，就會感到安心。**反覆累積這樣的經驗後，寶寶就會體認到有人能理解自己的需求，而學會相信他人。**

透過肢體接觸形成穩固的依附關係

肢體接觸是非常重要的互動方式。若凡事都用這招來解決或許顯得有些誇張，不過多多益善準沒錯。一般都說太常抱小孩的話，會令其養成動不動就要人抱的習慣，不過基本上，**當寶寶哭泣時，請抱起來安撫**。

嬰兒之所以會哭是因為感到不適才藉由這樣的方式來表達。因此抱起來予以安撫是非常正確的做法，寶寶也會因此感到放心。附帶一提，肢體接觸並沒有年齡的限制，不過當孩子身心健全地成長時，在叛逆期左右就會主動迴避這樣的互動方式。為了促進孩子正常發展，在幼兒期確實透過肢體接觸來建立依附關係可謂關鍵所在。

將孩子視為獨立的個體予以尊重

從嬰兒時期開始便將子女視為獨立的個體予以尊重是極為重要的。當然，在孩子能透過話語表達意見後，儘管想法上有不成熟的地方，做父母的也應該先理解其主張或感受，展現出接納的態度。

當孩子突然跑了起來時，不是劈頭怒罵「別亂跑！」而是想想孩子突然想奔跑的情緒，展現出理解的態度「可能是覺得很開心吧」，再舉出具體理由來教導孩子「地板很滑，突然亂跑會很危險喔」。也就是採取能夠促進孩子思考如何應對當下狀況的互動方式。

小孩會根據當下的需求而行動

原本人一出生就具有生存需求，因此**小孩會根據當下需求做出行動或思考**。當結果不如己意時可能就會又哭又叫，不過具有需求這件事本身是很重要的。因此還請家長們先接納孩子當下的情緒。

若父母根據自我價值觀事事皆說不可以、不回應子女的需求，漸漸地孩子就會覺得所有的一切都遭到否定，不管說什麼都會被打回票，變得凡事都看父母臉色。

若孩子不再說出自身需求時，就有必要改善親子之間的溝通方式。很多人會因為對象是小孩而做不到這一點。然而，請家長隨時提醒自己，就算是小孩也應該像對待大人那樣，將其視為獨立的個體予以尊重。

＼井上醫師的建議／

將孩子當作獨立的個體予以尊重

親子之間的依附關係是從父母親全心接納孩子開始建立的。在0歲時期，父母親需要理解孩子的情緒並轉換為言語來進行互動。當寶寶哭泣時請抱起來予以安撫。將孩子當成獨立的個體尊重，並接納其情緒，孩子就會逐漸變得信賴大人。

沒有經歷不要不要期和叛逆期反而不妙!!

毒親的孩子沒有不要不要期和叛逆期

孩子的成長過程中，沒有歷經不要不要期和叛逆期這兩個階段是相當危險的。不要不要期是指，孩子在2、3歲時，總是鬧脾氣地這也不要、那也不要的時期。至於為何會開口閉口都不要，正是因為知曉即便唱反調，父母親也不會真的對自己棄之不理的緣故。而這就是**孩子已建立心理安全基地的證明**。假若孩子不會動不動都說不要，或許是怕萬一說不要會被丟包，抑或落得沒有飯吃的下場，感受到生命危機的緣故。事實上，在0歲到1歲階段，未充分獲得父母關愛的孩子，光是看父母臉色都來不及了，只能封印這種想說不要不要的反抗情緒。偶爾會有家長喜孜孜地表示「我家孩子沒有不要不要期，很好帶，都不用傷腦筋」，每當聽到這種話總令我忍不住捏一把冷汗。

另一方面，叛逆期與橫跨國小高年級至高中的青春期幾乎發生於同一時期，**是孩子在精神上脫離父母獨立所必**

須的期間。孩子在嬰幼兒時期，無論身體或心理都與父母一體化，3、4歲左右時，已能漸漸掌握身體的自由，不過心理仍舊是與父母一體化的狀態。就孩子的立場來看，自身的經濟能力與生活能力皆不敵父母親，因此在精神層面上便具有所謂的上下關係，而這樣的狀態會持續至叛逆期來臨為止。

叛逆期是形成獨立意識絕對不可或缺的期間

進入叛逆期後，才會真正開始出現精神上的獨立，以往的上下關係會遭到破壞，逐漸走向彼此對等的狀態。孩子在國小低年級時與父母親在一起的時間會比較長，高年級後與同學在一起或獨自一人度過的時間會逐漸增加。而這就是**脫離父母親的掌控，邁向精神獨立的過程**。

由此可知，沒有叛逆期就等於在精神上還與父母親緊密連結，處於無法獨立的狀態，因此絕非好事。之所以沒有叛逆期，原因無外乎家中的氣氛緊張，根本不是可以表達反抗的狀態。整個人被恐懼感束縛，深怕若與父母作對恐會吃不完兜著走。比方說，平常要是只考到90分，而非滿分100分就會挨罵，面對這樣完美主義的父母親，孩子就會因為害怕而不敢反抗。

叛逆期與拒絕上學
看似相似，實則不然

拒絕上學是反抗表現之一

自從新冠疫情爆發後，經常聽到家長因為「孩子不想去上學」而傷透腦筋的情況。其中有些孩子似乎是為了給父母找麻煩才不肯去上學。

拒絕上學與叛逆期一樣，多半發生於青春期，兩者看似相似實則大不相同。

拒絕上學的原因或許是因為在學校被同學霸凌，抑或與老師的關係不好。有時也可能並非被霸凌，而是與同學鬧不合所造成的。

然而，有些孩子會因為這樣導致精神狀況出問題，甚至出現憂鬱症狀。有些孩子則沒這麼嚴重，純粹只是因為討厭上學而選擇不去。這樣的行為多少會令人想歸咎於叛逆期，不過，處於叛逆期的孩子原本就是**為了切斷與父母親的精神連結，才刻意做出與父母唱反調的行為**，換言之，就是做出違背父母期待的事。在家裡無理取鬧即為其中一例，不去上學亦然。還請家長們記住，有些孩子會藉由這種表現方法來切斷與父母的連結。

叛逆期的表現方式相當多元，但正值叛逆期並不代表一定會拒絕上學。相反地，有些孩子為了故意與父母唱反調，想要讓他們跌破眼鏡，而在叛逆期時發憤苦讀。

諸如此類，孩子會在叛逆期時逐漸切斷與父母在精神上的連結。拒絕上學則是其中一項表現方式。

讓孩子自行決定所有事

欲促進孩子在精神上脫離父母獨立，**讓孩子得以自主做決定**是相當重要的。也就是說，父母必須確實賦予孩子做決定的機會。若父母先行指定要讀哪家學校、要穿哪件衣服或留什麼髮型，孩子便不懂得如何自行判斷做決定，若沒有父母的指示就不敢行動。而這正是精神尚未獨立的狀態。如此一來，無論年歲如何增長，父母都無法對孩子放手，孩子也無法離開父母獨立。

如何拿捏管教孩子的方式？

「你給我乖一點」是NG說法

在育兒的過程中，並不是將孩子的想法、感受或需求照單全收就好。更重要的是還必須搭配管教，告訴孩子社會上的各種規則。尤其需要特別教導的事項為，**愛惜自己的生命與健康，以及不得對他人造成危害的觀念**。這兩項的優先程度最高，當孩子未遵守這些大原則時就必須予以斥責。

只不過，訓斥時請注意不要傷了孩子的心。不是不能罵孩子，而是對事不對人避免傷了孩子的自尊才是重點所在。請確實告知孩子為何不能那樣做的理由，並教導他們以後該怎麼做才對。

父母罵小孩時往往會說「你給我乖一點」，**但這句話實在太過抽象籠統，孩子根本不知道該怎麼表現才好**。由於不解其意，到最後就會變成看父母臉色行事。比方說，看到孩子在超市裡跑來跑去時，不是用「你給我乖一點」

的說法來喝止，而是以「很多人在這裡買東西，你這樣跑來跑去很危險喔。慢慢走就好」確實告知理由，並教導孩子該如何改進。

這就跟大人絕對不會在職場上對下屬說「你自己看著辦」一樣。若是被指示「這份資料你看著辦」，你應該也會覺得「不能再說詳細一點嗎」吧？然而面對孩子時，家長意外地愛用這種模稜兩可的說詞來表達，這點還請大家留意。

固定分成4個時段來進行家庭教育

關於日常生活的管教，一般都建議讓孩子早睡早起，但我其實不太強調就寢時間。因為重要的是**早上起床與用餐的時間。建議大家將一整天分成4個時段並固定下來**。定好4個時段後，孩子的生活作息就會逐漸變得規律。很多家長認為晚上應儘早讓孩子入睡，不過只要孩子有睡意，幾點就寢都無所謂。硬性規定幾點必須讓孩子睡覺，只會苦了孩子與父母罷了。比方說，規定必須在晚上9點就寢時，面對毫無睡意的孩子就必須不斷輕拍哄睡、讀繪本催眠，若這意樣還是無法讓孩子入睡時，家長就會愈發感到焦急而感到身心俱疲……。誠然，父母有必要努力讓孩子養成在晚上好好就寢的習慣，不過，在孩子想睡時直接就寢才是最理想的。

訂立使用智慧型手機的規定和罰則

有愈來愈多的孩子在上小學後便持有智慧型手機，關於手機的使用方面，**訂立規則和罰則是基本中的基本**。例如，1天可以使用1個小時，若超出規定時間則禁止碰手機3天等。

手遊也應該比照這樣的方式辦理。面對容易上癮的事物，若完全放任不管，孩子就會沉迷其中廢寢忘食，因此家長加以約束管理是再理所當然不過的事。這並非虐待，而是合情合理的應對方式。

只不過，父母片面決定規則和罰則並強迫孩子遵守的做法並不值得鼓勵。應該要將孩子當成獨立的個體尊重，透過對話與討論，找出親子都能接受的折衷方法。

家長之所以會限制滑手機或玩手遊的時間，相信應該是出自父母心所做的考量，像是怕孩子用眼過度、成績會退步等。請家長先表明這些觀點後，再聽取孩子的意見。

就算覺得麻煩也請跟孩子溝通

老實說，跟孩子對話討論，針對某件事訂立規則是相當累人的作業。講道理，孩子也不見得聽得懂，有時難免會令人感到不耐煩。所以父母往往會跳過這個步驟，單方面地決定規則。這其實等於不讓子女表達任何意見。而且這麼做會令孩子感到無比委屈，導致壓力日漸累積。

若家長從孩子年幼時便習於單方面地代替本人決定所有的事，要求孩子聽從的話，日後就連結婚對象都有可能變成是父母作主說了算。

＼井上醫師的建議／

訓斥孩子時應確實教導「該怎麼做才對」

當孩子違反愛惜自己的生命與健康，以及不得對他人造成危害的大原則時，就必須予以斥責。不過訓斥時請說明理由，並教導該怎麼做才對。「你給我乖一點」為NG說法。在日常習慣方面，將早上起床與用餐的時間固定化，能幫助孩子養成規律的作息。

掌握訓斥與表達的方式

斥責孩子時的重點在於理由與基準

由於孩子心智尚未成熟，當然也會做錯許多事。任何事都讓孩子有求必應並非正確的教養態度。有時家長必須教導孩子正確的觀念，對事不對人地加以斥責，避免傷害孩子的自尊心。

如同上一個單元所解說的內容，**訓斥時不是劈頭就予以否定，而是告知為何該這麼做的理由，提出明確的基準即為重點所在**。若忽略了這些過程，下次再遇到同樣的情況時孩子依然不知道該怎麼做才好。首先告訴孩子，因為什麼原因所以不可以這麼做，即便孩子無法百分之百理解，隨著失敗經驗的累積，假以時日就會了解到原來當時父母所告誡的話是這麼一回事。

此外，訓斥孩子時請大家注重雙向構通，表達自己身為父母的立場，並詢問孩子的意見。父母親說出自身的期望並非壞事，坦白表明，聽聽孩子如何判斷、想怎麼做，並給予子女能夠展現這些想法的環境或機會。這對孩子而言，也是一種陳述自身意見的練習。相反的，若只是情緒化地破口大罵，孩子就無法說出自身的意見，還請務必留意。當家長採取一意孤行的教養方式，以命令口吻單方面要求子女「配合」時，孩子就會因為恐懼而被父母全面控制，這可能會導致他們始終無法對人產生信賴。斥責孩子時必須審慎拿捏分寸，否則恐會緊緊箝制孩子的心靈。

當父母本身狀況不佳時就會想罵孩子?!

訓斥孩子有時難免會帶點情緒，因此家長必須提醒自己避免流露這樣的態度。話說回來，**人之所以會忍不住情緒化，是因為精神狀態欠佳的緣故**。因此，在訓斥孩子之前，家長先調整好自身的精神狀態是非常重要的。當人承受著某種壓力或身心疲憊時就容易出現負面情緒。欲減少這種狀況的次數，就應該創造更多令自己覺得幸福、快樂的時光，適當地讓自身的心靈獲得滿足，以產生精神上的餘裕。若總會忍不住想罵孩子，請先從這方面著手調整。

理想的溝通方式須掌握2項重點

為防止毒親化，請大家一起來學習與孩子溝通的方式。最終讓孩子能自行做決定即為溝通的目標所在。這2項重點如下。

第1項為**「將孩子的情緒轉換為言語，加以理解，表達認同」**。接著家長才告知自身的看法，「爸媽是這麼想的，那你覺得呢？」用這樣的說法來讓孩子做決定。

在意外界眼光的家長最常見的情況為，對孩子所選擇的穿搭表示「為什麼你要穿這種衣服？」然而，站在孩子的角度來看，他們就是覺得這樣穿沒有問題才會如此著裝，因此父母應先理解「原來你很想穿這件衣服啊」並共感其情緒。當孩子逐漸長大，需要參加面試或出席正式場合時，若家長認為孩子所選擇的服裝並不合宜，應分享自身的觀點「我覺得另外一件比較適合面試，你覺得呢」並詢問孩子的意見。假若孩子本人依舊認為原本自己選的那一套比較好的話，那也無所謂。家長該做的不是強制替孩子決定服裝，而是由其自行選擇。父母給予孩子這樣的機會是非常重要的。

不使用否定句

第2項重點為**「不使用否定句」**。從前我曾在車站目睹暖心的一幕。一名年約5歲的男孩可能因為喜愛電車的緣故，整個人非常雀躍，突然在月台上狂奔，令我也跟著緊張起來，心想萬一掉落鐵軌可就危險了。說時遲那時快，一名看似是父親的男性急忙追上男孩並牽起他的手說道：**「這裡很危險，我們用走的就好！」**在這種狀況下往往會令人忍不住大聲喝斥「喂！不准跑！」但這名父親卻以「用走的就好！」來表達，著實令我感到驚訝。我想他應該從平時便確實遵守著不否定孩子的教養原則吧。在這樣的家庭中，孩子的自我不會遭到父母否定而能產生安全感，心靈應該也能穩健成長。

＼井上醫師的建議／

請先共感孩子的情緒

訓斥孩子時，請具體說出理由並提出明確的基準。父母親在表達自身想法的同時，持續與孩子溝通對話也很重要。當精神上沒有餘裕時恐會演變成情緒化的責罵，務必多加注意。與孩子溝通時，最重要的是共感、認同其情緒，並且不使用否定句。

察覺自身毒親化時的解毒方法1
陷入完美主義時

父母的求好心切對孩子而言是地獄！

在每天的育兒教養過程中，感到煩躁或想發火的情況多到數不清，有些家長會突然驚覺「咦？莫非我正在毒親化？」容易令人毒親化的情況有3類，分別是「陷入完美主義時」、「意圖全面控制孩子時」、「在意世俗眼光時」。接下來會針對各種解毒方法為大家做講解。

首先是父母追求完美主義時，大多會**陷入「必須這樣做、必須那樣做」的求好心切思維裡**。必須滿足外界的期待，既然要做就要做到最好，否則沒有意義，在交友關係方面，認為必須跟所有人當好朋友的家長亦所在多有。

在這種心態的推波助瀾下，家長會認為自己的想法絕對比孩子還正確，子女只要乖乖聽話就不會出錯。然而，孩子總會有表現不好的時候，這是再正常不過的事，但追求完美主義的父母卻見不得這樣的情況，會因此感到火大煩躁、耿耿於懷，逐漸失去精神上的餘裕。

再者，家長也會因為自己無法達到心目中身為父母的理想目標，而感到不安與焦慮。為了化解這樣的狀況，又會將自身的價值觀強壓在孩子身上，不斷下指導棋，強迫子女配合，漸漸地孩子就會失去精神上的自由。

「絕對」是否變成你的口頭禪？

這類型的家長請先察覺自身已陷入凡事必須達標的思維裡。如果會頻繁說出「你絕對要○○」、「絕對不能做○○」，**動輒將「絕對」、「一定要」掛嘴邊，正是陷入必須達標思維的證據**。察覺到這一點後，請務必轉換為期許式的思維**「如果能做到的話也不錯」**。萬一孩子沒有達到目標，也能輕鬆看待不予追究。比方說，家長總是會用「必須跟大家做好朋友喔」的說法來教導孩子。若能跟大家打成一片當然是最理想的，但不是每個人都有辦法跟所有對象當好朋友。若是告訴孩子「必須跟大家做好朋友喔」，當孩子跟其他小朋友吵架時，就會覺得自己未確實遵守父母所言，而感到痛苦難受。在交友情況方面，不給孩子任何壓力，只須表示「可以跟大家做好朋友也不錯」即可。

察覺自身毒親化時的解毒方法2 意圖全面控制孩子時

若能中頭獎，成績根本沒什麼大不了?!

會想對孩子下指導棋，意圖掌控其所有行動，都是發生在過於將焦點放在孩子身上的時候。也就是說，父母親是以監視的態度來看待孩子。然而，假如今天中了彩券頭獎獲得1億圓的話，我想家長應該就會覺得，孩子的成績根本沒什麼大不了。換言之，癥結點就在於**「父母親的心靈未獲得滿足」**。除了管教孩子之外，沒有其他可以令自己感到滿足的事，正是問題所在。

此外，父母累積許多壓力時也會想控制孩子的一切。這是起因於自身對壓力感到無能為力所引發的反作用。

也就是說，若有人能按照自己的指揮行動時，就會覺得舒心愉悅，反之，對方若不照辦就會覺得火大煩躁。由此可知，家長為了抒解自身的壓力，會在不自知的情況下意圖強迫孩子聽話。

家長應專注於自身所喜愛的事物

總之，若產生想控制孩子的念頭時，還請家長們**多找一些能令自己感到幸福的事情來做**。例如泡茶、去按摩，積極地將自己覺得喜歡、感到療癒的事物帶入日常生活中。不要認為有了小孩就不能做自己想做的事，愈是心無餘裕的人，愈想控制孩子，這樣反而危險。相反的，家長懂得正視自身的這種需求時，無論是育兒生活或人生大小事，都能順利運作。

有些父母親不但控制欲強，還會因為擔心孩子，事事都想超前部署。然而，父母能做的其實不多。並不是給予源源不絕的關愛，就能讓孩子的發展順遂無礙。另一方面，父母意圖「為孩子打造幸福快樂人生」的這種想法，實在過於自負。**父母親所能做的，終究只有在一旁守護，盼孩子能過得更幸福而已。**

歸根究柢，想為孩子打造幸福快樂人生的家長，應有必要先從檢視自身是否幸福做起。

察覺自身毒親化時的解毒方法3
在意世俗眼光時

愈是感到不安，愈在意周遭的眼光

被毒親養育長大的人，對於旁人的意見往往會過於敏感。若察覺到這樣的傾向愈發嚴重時，請自問自答一番，看看自己目前是否被外界的看法意見，或社會上的各種規則牽著鼻子走。其實，對自身的育兒方式失去自信時，就會開始在意世俗的眼光，接著陷入向周遭看齊的思維裡，心想為了孩子的將來，我們家是不是也該效法跟進。例如，聽到大家說「現在這個時代要懂程式設計才可以」、「英語會話是必備的能力」而無視孩子的興趣與意願，強迫學習。若孩子喜歡，做父母的當然可以傾全力支持，不過建議大家重新檢視一下，自己是否因為感到不安而人云亦云、隨波逐流。無論旁人怎麼說，**孩子的感受才是最優先事項**。

容易受到旁人意見左右的人，往往認為「身為家長必須怎樣」、「身為母親應該怎樣」，大多會以世人所推崇的作為來描繪心目中理想的父母親形象，這點也請多加注意。**將世間這套標準套用在孩子與自己身上，只會作繭自縛而感到苦不堪言。**如此一來，父母親就會迷失自我，導致壓力纏身，而且會將孩子當成發洩壓力的對象，可謂十分危險。

「心懷感恩」察覺現有的幸福

其實會在意世俗眼光的人，總是無法感到滿足。反過來說，**未能察覺到自己是幸福的**就是最大的原因。

欲察覺到幸福就在身邊，請務必**將「謝謝」掛在嘴邊**。這世上值得感謝與珍惜的事其實非常多，食衣住就是最好的例子。很多人為了求子而吃足苦頭，不知流下多少辛酸淚，所以家有孩子，是多麼令人感恩的一件事。

有了這層體悟後，就不會再對孩子考了多少分、必須學哪一項才藝才跟得上大家這種事感到在意。請每天基本上至少說一次「謝謝」，察覺自身所擁有的幸福，感受自己其實已擁有許多寶貴的事物。

動不動就不耐煩！怒氣湧現時的處方箋

幫助自己冷靜下來的3個方法

在每天的育兒生活中，即便想保有心理上的餘裕，有時還是會忍不住生氣而罵孩子。本篇就要為大家介紹遇到這種情況時的心靈處方箋。

❶ **去廁所**
❷ **照鏡子看看自己的表情**
❸ **洗手**

❶ 去廁所

廁所是能讓人放鬆獨處的空間，因此**火氣一上來時，為了跟孩子保持物理上的距離，請直奔廁所調整心情**。平時就可以將孩子襁褓時期的照片或孩子的畫作、寫給爸媽的信放在廁所保管。此時便能趁機拿出來回顧，感受孩子的成長，應該就能恢復平常心。

② 照鏡子看看自己的表情

感到不耐煩或生氣時，**照鏡子看看自己的臉會發現，神情比自己想像中的還可怖**。一想到自己對孩子擺出這樣的嘴臉時，情緒應該就會瞬間冷卻下來。覺得自己發怒的表情頗嚇人、不喜歡這樣時，就會自行踩剎車，避免露出凶神惡煞貌，因此在身邊放一面鏡子是非常有效的。

③ 洗手

感到火大煩躁，情緒陷入死胡同時，**以冷水洗手或洗臉便能讓自己冷靜下來**。雖然無法將已達到沸點的憤怒一舉澆熄，但至少能降溫到一定的程度。單憑這樣就能轉換心情，到外面吹吹風也有異曲同工之妙，亦值得一試。

育兒生活的留意事項1
讓孩子感到安心、有安全感

讓孩子感到放心的互動方式

前面幾篇為大家解說了察覺到自己毒親化時的解毒方法，以及當火氣上來時的因應方式，接下來要為讀者們講解，在每天的育兒生活之中，家長應該隨時提醒自己留意的事項。首先，在管教孩子時，希望大家能重視以下3大原則。

1. **不否定孩子的人格**
2. **訓斥後表達對孩子的關愛**
3. **向孩子道歉**

❶ 不否定孩子的人格

當孩子做出讓父母親為之氣結的行為時，可以針對這件事指出孩子不對的地方，但**切忌使用否定孩子人格的說**

法。比方說，兒童跟其他小朋友吵架時，忍不住動手打人是很常見的情況，此時可以告訴孩子「打人是不對的行為喔」，但不能說出「你真是個粗魯的孩子」這種話。

當父母親對孩子的人格打分數時，**孩子會誤以為自己就是這樣子的人**。聽到父母所給的壞評價，就會覺得自己很差勁。家長所說的話會對子女的人格形成帶來不小的影響，還請多加留意。

❷ 訓斥後表達對孩子的關愛

承上所述，若孩子動手打了其他小朋友，父母會斥責「這樣做不對喔」，即便未否定其人格，孩子也會因為遭到訓斥而感到恐懼，害怕會被父母討厭。若被痛罵一頓，則會感到不安，深怕被父母拋棄。因此家長請勿認為這只是一件小事，在訓斥完孩子後，**應確實表達身為父母的關愛，「雖然你做錯事，但爸爸媽媽還是愛你的」**。

以上述情況為例，「你這樣會害小朋友受傷很危險，所以爸媽才會罵你，但我們還是很愛你的」只要加上這一句話，孩子就會感到安心。如果只是罵一罵就了事，便很難建立親子之間的信賴關係，孩子亦無法感到安心、產生安全感。

③ 向孩子道歉

在漫長的育兒教養過程中，父母親畢竟也是人，難免會對孩子感到火大煩躁，忍不住過度責罵，或者是壓抑不住情緒而大發雷霆。假設跟孩子相處的時間為20年，要在這20年做到從未情緒化地吼孩子，應該是不可能的任務吧。

對孩子過度責罵或破口大罵後，**總之請先向孩子道歉**。當父母的措辭與態度非常強硬時，孩子既覺得被罵很可怕，也會害怕遭父母拋棄。因此對孩子表明：對不起，爸媽因為情緒失控才會說重話、很抱歉對你說出那樣的話，爸媽並不是因為討厭你才罵你的。即時道歉，孩子就會明白雖然挨了罵，但爸媽並沒有討厭我，也不會因此不要我，而能放下心中大石。

若不進行補救，孩子就真的只是被莫名地痛罵一頓而已。至於道歉能不能獲得孩子的原諒則是另一回事，但至少比不說來得好。有些家長會認為「向孩子道歉等於認輸」，抱持著這樣的想法無疑會步上毒親之路。

因為言行太過分而向對方道歉，是最起碼的尊重與理所當然的態度。**父母以身作則，孩子也會受到潛移默化，從中學習。**無論是面對年紀幼小還是青春期的孩子，這都是不可或缺的態度。

\ 井上醫師的建議 /

重視 3 項大原則，孩子能感到安心

管教孩子時最重要的是「不否定孩子的人格」、「訓斥後表達對孩子的關愛」、「向孩子道歉」這3點。若未做到任一項就會在孩子心中留下恐懼。為了讓孩子能安心地成長，還請家長將這3項原則謹記在心。

育兒生活的留意事項2 好好寵愛自己

幸福育兒的3種方法

欲保持正面積極的態度與孩子相處，重點就在於，父母與孩子都必須感到幸福。接下來為大家解說幸福育兒的3項建議。

1. **滿足自我需求**
2. **不以大人的價值觀來評價孩子**
3. **不過度聚焦於不足的部分**

1 滿足自我需求

要讓父母與孩子都能過得幸福，先決條件就是父母必須滿足自身的需求。有了孩子後，家長往往只將意識集中在孩子的幸福上，但若自己不幸福，一切都是空談。當自己幸福時，另一半也會幸福，孩子自然就會變幸福，而這份幸福就會回歸到自己身上。**父母親確實意識到這個幸福的循環，並追求自身的幸福是無比重要的**，還請大家下功夫讓自己每天都能過得愉快。

有鑑於此，**家長應該多對自己投注時間與精力**。不必凡事都以育兒為主，將比例分配為育兒90%、自己10%也無所謂，請重視為自己付出時間與精力這件事。時常聽到家長表示，自從孩子出生後就沒買過自己的衣服，也不曾在咖啡館喝杯飲料享受一下。然而，父母親將所有的時間與精力都奉獻給孩子，無法從生活中感受到幸福，並不是孩子會想要的結果。

❷ 不以大人的價值觀來評價孩子

接著想跟大家分享的親子幸福觀念為，**大人的常識不等於孩子的常識**。以大人的價值觀來進行評價時，若孩子尚未達到理想程度，家長就會忍不住感到煩悶焦急，展現出氣惱的情緒。有時可能會因為身心狀況欠佳而口不擇言，甚至演變為心理虐待，因此盡可能減少感到煩躁或憤怒的次數是最好不過的，這點應該無須贅言。欲達成這項目標的大前提就是，必須具備大人的常識不等於孩子的常識這項認知。

比方說，子女開始學習才藝，大人往往秉持著「堅持就是力量」的觀念，認為凡事都應該努力不懈，但兒童是很容易喜新厭舊的。才剛開始學沒幾天就吵著不喜歡、不想學是很常見的情況。孩子心中也自有價值觀來衡量這件事到底適不適合自己，所以才會表態不想學。強迫孩子繼續下去，只是將大人的觀念強壓在他們身上罷了。

❸ 不過度聚焦於不足的部分

會變成毒親的人，打從站上起跑線開始便對育兒抱持著巨大的不安。永遠擔憂自己的教養方式是否妥當、這樣能不能讓孩子成長為獨立自主又優秀的大人。這樣的心情**其實代表了家長總是處於感到不足的狀態，覺得似乎有哪些地方做得還不夠**。聽到別人家的孩子上補習班就會想跟進、看到電視節目說某種食材健腦，就覺得一定要做給孩子吃。總之就是一直認為還有不足的部分，所以才會這也想補充、那也想加進來，盡其所能地為孩子提供一切。當孩子不喜歡這些安排時，家長就會非常不高興，如此只會造成惡性循環。歸根究柢，過度聚焦於不足的部分就是原因所在。

大人聽到他人表示「考取〇〇的證照比較吃香喔」，

就算感到同意，但如果自己沒興趣的話，應該也不會行動吧？然而，家長遇到有關孩子的事，就會因為「聽說這很好喔」而強迫他們接受。

現在是資訊氾濫的時代，所以我們很容易注意到各種不足之處。然而，**即便有所不足，人依然可以成長為優秀的大人**。這點也已在我們這些大人身上獲得證明。

＼井上醫師的建議／

父母須找尋自身的幸福

當家長將全副精神奉獻給家庭時，只會愈來愈感到喘不過氣，因此請大家找出除了家庭以外，屬於自身的幸福。就結果而言，這樣反而對家人有益。收集愈多的資訊，只會發現更多不足的地方而已，所以在育兒教養方面停止這麼做會更好。

若情緒低落到無以復加的程度時……

找回活力的3個方法

本篇要教讀者們3個方法，幫助大家在對育兒教養沒有自信而感到沮喪時，恢復元氣找回活力。

❶ 將焦點放在已擁有的事物上
❷ 回顧一天的生活，為自己加油打氣
❸ 尋求醫療院所的協助

❶ 將焦點放在已擁有的事物上

第1個方法為「將焦點放在已擁有的事物上」。**將目光集中在自身所欠缺的事物上**時，就會令人感到沮喪，覺得自己這也不會、那也不會而失去自信。然而，在這種情況下，轉換思考，將焦點放在已經擁有的事物上是非常重要的。

比方說，自己今天有東西可以吃、有衣服可以穿、有可以擋風遮雨的家、有孩子、還有可以談心的朋友……，察覺到自己其實擁有許多，不虞匱乏即為第一步。

接著，**盡可能對日常所接觸的各種對象說「謝謝」**。道謝能讓自己明白，生活中有這麼多值得感謝的事物。聽到他人真摯地對自己說謝謝時，自己也會感到快樂，覺得心裡暖暖的。例如，當包裹送達時，對配送人員說聲「謝謝」、當另一半主動做家事或帶孩子時，也不忘對其說「謝謝」、「謝謝」孩子陪在自己身邊等。

由此可知，生活之中處處存在著可以說「謝謝」的情景，還請仔細查找並盡可能親口說出來。把感謝說出口，自己的心也會變溫暖，繼而感到滿足。請在日常生活中，積極找出各種令人「感恩」的事物，並且不忘說出真心的「感謝」。

❷ 回顧一天的生活，為自己加油打氣

接下來推薦給大家的方法為，在每天晚上**回顧一整天的生活，對自己給予讚美或鼓勵**。大部分人一到晚上就會想著明天必須處理哪些事、這週末安排了哪些活動，以及近期內的各種計畫而思緒紛陳。人一旦思考太多未來的事

就會感到不安，因此建議大家就寢前不多想這些，而是養成回顧今日大小事的習慣。

特別是在情緒低落的時候，請透過一天的回顧，找出自己表現良好的部分，慰勞自身的辛勞，並對自己加油打氣。建議大家可以找出3件事並寫在日記裡。讚美自己的重點在於，任何小事都OK。尤其是感到沮喪時，原本易如反掌的事也可能會失常，因此**只要有做完該做的事就算及格**。比方說，早上趕上垃圾清運的時間，順利丟完垃圾、自己主動在職場上跟其他人打招呼等。當然，獲得他人稱讚時也請別忘了記錄下來。話雖如此，剛開始或許會有點困難，覺得找不到值得褒獎的事項，反而會想起各種負面情況，像是今天沒做好哪件事、整體表現似乎不太好之類的。在這種時候，只要告訴自己**「很好！總算撐過今天了」**就好。

養成這個習慣後，看事情的觀點也會逐漸改變。以往只會看到自己表現不好的部分或缺點，學會主動尋找表現良好的部分時，就會發現自己意外地在某方面頗有能力，覺得自己這個人並沒有想像中糟糕，這有助於建立自信，讓自己能在育兒路上奮鬥下去。

❸ 尋求醫療院所的協助

若感到無比煩躁而且遲遲不見好轉時，尋求醫療協助也是一項選擇。這是因為，除了情緒低落之外，**持續感到煩躁也是憂鬱症的警訊之一**。簡單來說，憂鬱症就是無力控制情緒的狀態，因此變得容易發怒時，有可能已屬於輕度的憂鬱症狀。

即便前往醫療院所就診，並不代表會立即展開藥物治療，有時只會進行心理諮商，更重要的是能透過就診與家人以外的對象接觸交流，這有助於照顧自己與孩子的心靈健康，因此不要把事情想得太難，若覺得身心出狀況時，還請隨時前往就醫。

＼井上醫師的建議／

感到心力交瘁時請前往鄰近的身心診所

情緒低落時，請提醒自己將焦點放在日常的小確幸上。有些人會問，覺得精神狀況出問題時，「應該看精神科還是身心科？」其實兩者在本質上幾乎是相同的。重點在於選擇離家近，在身心俱疲時也有辦法前往的醫療院所。

育兒生活的留意事項3
另一半是育兒夥伴

育兒過程另一半的協助不可或缺！

作為共同育兒的夥伴，另一半是不可或缺的存在。接下來要告訴大家3項與伴侶相處時，應隨時提醒自己留意的言行舉止。

① 若自己對孩子做出不當管教時，請另一半糾正
② 吵架應選在孩子看不見的地方
③ 在孩子面前不說另一半的壞話

① 若自己對孩子做出不當管教時，請另一半糾正

再如何小心注意還是會有身心狀況欠佳，無法遏制自身的情緒，而蠻不講理地對孩子發一頓脾氣的情況發生。為了預防這樣的情況，請事先跟另一半說好**「萬一我胡亂對孩子發脾氣的話，請你一定要出面制止我」**。若不這麼

做的話，孩子會因為無人伸手搭救，而感到自己不被任何人所愛，到最後會變得不相信父母、學校老師這些所謂的大人，遇到困難時也無法發出SOS求救訊號。由於在家已切身體會到不會有人對自己伸出援手的殘酷事實，因此遇到再痛苦難過的事也會選擇獨自承受。

最常聽聞的情況是，媽媽失去理性地炮轟孩子，爸爸卻充耳不聞當作沒這回事。明明目睹了這一切卻置身事外地逕自滑手機，或乾脆離開現場，這是絕對NG的行為。

當自己氣過頭而對孩子發飆時，另一半能出面制止，待自己冷靜下來後再針對大發雷霆的行為向孩子道歉，並向伴侶道謝，感謝其適時地挺身而出，這才是為人父母應具備的態度。

❷ 吵架應選在孩子看不見的地方

這點也需要另一半的協助，**當夫妻意見不合時請在孩子看不見的地方爭吵**。當然不可能要求大家不吵架，而是要吵的話，應選在孩子不在家或已沉沉入睡等不會被他們看見的時候。目睹父母親就在自己面前爭吵的情況時，**對孩子而言，家就不是能感到安心的所在**。孩子會覺得恐懼與不安，害怕哪一天全家人或許會四分五裂。此外，當孩子看到父母為了自己學才藝或上補習班的事，以及因為教育方針而意見不合時，就會認為這都是自己的錯，因為自己才害父母吵架，感情變不好，繼而會以否定的角度來看待自身的存在。

❸ 在孩子面前不說另一半的壞話

忍不住對孩子說另一半的壞話或抱怨另一半似乎是人之常情，但請大家不要這麼做。最常見的事例為，爸爸因為工作而經常不在家，媽媽跟孩子相處的時間較長，而會在這期間說爸爸的壞話。

然而，對大部分的孩子而言，爸爸和媽媽都很重要，**都是他們所愛之人，聽到某一方所說的壞話會覺得難過，也會對自己喜歡著被批評的另一方而產生罪惡感**。

因此希望讀者們能與另一半約法三章，絕不在孩子面前說彼此的壞話。

\井上醫師的建議/

雙親感情不睦會導致子女感到不安！

請事先與另一半說好，當自己情緒失控，過度責罵孩子時，另一半務必出面制止。與另一半吵架、說另一半的壞話只會讓孩子感到不安而已。夫妻意見不合時請選在孩子看不見的地方爭吵。

不用那麼努力也沒關係！

接納自身的缺陷

被毒親養育長大的家長，一心不讓孩子重蹈自身過往痛苦回憶的覆轍，由於這樣的念頭太過強烈，往往會對育兒教養投注過多的心力，總是設定目標，朝著這個方向拚命努力。

但在漫長的育兒生活中，不如意的狀況其實多到數不清。當這類型的家長未達成自我設定的目標時，可能就會失去自信，感到無法原諒自己。儘管家長覺得不滿意，但孩子仍持續地成長茁壯。還請原諒自己，**將目光放在孩子目前所努力的事物上，學會放寬心順其自然地看待一切**。對自己沒有自信時，往往就會在意周遭的眼光，但偶爾看開一點，承認自己的性格缺陷，接納原原本本的自己也什麼不好。

想想孩子所給予的無條件的愛

我不斷告訴大家「孩子對父母的愛是無條件的」，而且被毒親養育長大的人，其實能在育兒過程中療癒心裡的傷口。這是因為，**毒親只給予有條件的愛，但孩子卻能讓自己生平第一遭感受到何謂無條件的愛**。

無論是年幼時闖禍被罵，或是進入青春期後展現出反抗的態度，基本上孩子在任何階段都是愛著父母的。他們會無條件地接納父母親的一切，小腦袋瓜總想著該如何與父母好好相處。雖然這或許會在某一天令他們感到心累，不過拋棄父母親的這種念頭在年幼時期絕不可能出現。孩子進入青春期後，親子之間會有較多衝突，但不至於演變成與父母斷絕往來。畢竟要做出拋棄父母這種事，需要極大的勇氣，而孩子內心總是存在這份無條件的愛。家長們只要記住這點，應該就有動力鼓舞自己振作，往前邁進。

目標是能夠持之以恆的育兒教養！

承認自己的不完美

育兒必須花費相當長的時間，正因為過程漫長，所以我才主張，希望大家能**將目標放在「能夠持之以恆的育兒教養」上**。在長期的育兒生活中，一定會有失敗或不順利的時候。再如何強力要求自己不能重蹈原生家庭的覆轍，有時還是會做出不當的管教行為。遇到這樣的情況，不將自身的行為正當化，承認過錯，確實向孩子道歉是比什麼都重要的。父母真摯的言語，肯定能成為治療孩子心靈傷口的良藥。而**為人父母者則應學會承認自身的不完美**。這雖然需要鼓起勇氣面對，但自知不完美，才能在失控對待孩子後即時道歉，正因為不完美，才能大大方方地借助他人的力量，或請求醫院、行政機關、學校等單位的協助。

要讓育兒教養能夠持之以恆，最重要的是**參考各方人馬的意見**。舉凡醫院、學校、兒童諮商所、朋友、鄰居，甚至是書籍或影片都可以加以借鏡。換言之，多方接觸各種看法，才有助於家長擺脫育兒的壓力。只不過，有太多人介入時，可能會接收到過多的資訊，反而更加有壓力而備感痛苦，畢竟有些人會為了想求心安，而強迫他人接受自己的做法。

只擷取方便自己運用的部分

沒有任何人的主張是無懈可擊，百分之百正確的，所以請根據自身的判斷，斟酌採用，針對各種想法進行過濾，**只擷取方便自己運用的部分即可**。如若不然，百分之百聽信某人的主張時，就會演變成洗腦。被特定的想法束縛時，會覺得那是唯一的真理、不照著做不行，這樣的結果其實與孤獨育兒沒兩樣。請多加接觸各式各樣的主張，並培養能夠自行判斷好壞的能力。若無法正確判斷就會加速毒親化的發展。請別忘了，只有讓自己感到無負擔、覺得輕鬆、幸福才能走到最後，真正為孩子帶來助益。

讓育兒教養能夠持之以恆的祕訣 1
不過度聚焦於未來

未來往往充斥著不安

若能達到持之以恆的育兒教養方式，家長也能從壓力中解脫。接下來要告訴大家有助於達成此目標的訣竅。一共有3項重點。

1. **不過度聚焦於未來**
2. **家長回顧自我人生**
3. **對外尋求協助**

第1項祕訣是不過度聚焦於孩子的將來。**正視孩子目前真實的狀態**會比想像未來更重要。

助長毒親化的根源為，對孩子的未來感到不安的心態。然而，未來的事只有天知道，任憑凡人想破頭也無法預料，聚焦於此時，不安感只會不斷發酵膨脹罷了。太過在意未來的事，絕對無法減輕不安的情緒。

父母親所看向的「未來」，其實是出於父母心所描繪的理想藍圖。家長對孩子的未來總是懷抱著期許，但因為現實與理想的距離太過遙遠，挫折連連，才會感到不安覺得煩躁。不但被寄予厚望的孩子會很辛苦，無法達到理想目標的父母親也會因此感到疲憊。若會搞得所有人身心俱疲，那還不如乾脆不要。總結來說，終究還是要看孩子本人的意願。請容我再三強調，孩子畢竟是獨立的個體，擁有自己的人格，也有自我的想法和感受，即便是父母親也沒有資格任意指揮與干涉。當這樣的情況變本加厲時就會演變成為毒親。

將目光轉向孩子的「現在」

正視孩子「目前」的狀態，而不是一味期盼未來。忽視現況，連帶也會看不到孩子目前的努力。還請讀者們認同孩子現階段所付出的努力，並給予應有的回饋。這其實等於**相信孩子能夠憑著自己的力量成長**。

關注孩子目前的狀態來保持親子互動時，父母就不會對孩子抱持著過度的期待。察覺到自己或許正在毒親化時，請先將視角從未來轉向現在。

讓育兒教養能夠持之以恆的祕訣2
家長回顧自我人生

凡事都會「船到橋頭自然直」

第2項祕訣為，家長稍微回顧自己的人生。在自己所走過的歲月裡，一定曾有遇到危機或低潮的時候，但**到最後關頭總是有解決的辦法**。回想自己也曾經歷過各種狀況，但現在也是過得好好的。對照過往的經驗，對於長遠的育兒生活而言無比重要。

人一思及將來的事往往會顯得過度擔憂，擔憂倒也無所謂，但若欠缺「總是會有辦法」的思維時，終究只會感到疲累罷了。

在養育孩子的過程中，若一直給自己壓力「必須把孩子教好」，就會逐漸走向毒親化。然而，秉持著**「孩子自己會長大」、「順其自然」**的心態來面對時，心情就能放輕鬆。請隨時提醒自己「船到橋頭自然直」，關注孩子現在的表現，察覺孩子的努力與辛苦並表示理解。當父母能具有這樣的思維時，連帶孩子自身也會覺得「總是會有辦法的」而能心有餘裕地成長。對於孩子來說，這也是很好的教育。

因此，若覺得自己似乎對育兒教養傾注過多的心力、過度追求完美時，請回顧自己的人生，想想以前也曾遇到各種狀況，但仍舊挺過來了的經驗。

孩子的人生由孩子決定

比方說子女回應了父母的期待，就讀好學校、有一份好工作，但並不代表孩子會感到幸福。例如醫師這項職業，或許給人一種自帶光芒、春風得意的印象，但身心崩壞到必須看精神科的醫師並不在少數。

像是跟患者的關係不融洽、長江後浪推前浪，失去立足之地等，在各種因素的交相影響下而罹患憂鬱症。有些人則是雙親也是醫師，從小承受著來自父母的壓力而覺得喘不過氣。

總而言之，**自己的幸福是由自己決定的**，即便是父母親也無法插手決定孩子的幸福。

讓育兒教養能夠持之以恆的祕訣3
對外尋求協助

覺得難受時請撥打求助專線

此乃第3項祕訣。在育兒過程中，若感受到自己有點毒親化的傾向時，**不要只想靠家人的力量來解決，請對外尋求協助**。請容我再三強調，與醫院或行政機關等外部單位建立聯絡管道非常重要。此外，撥打**「189」**這支受理虐待通報的保護專線，向兒童諮商所請益也是一種方法。（編注：台灣或香港的讀者可嘗試透過公私部門的親職諮詢專線或各縣市、地區的家庭教育中心來了解及諮詢）

一般民眾往往認為，189這支電話號碼是在發現虐待情事時用來通報的專線，不過家長主動連絡發出SOS也完全沒有問題。這是一支24小時全年無休的服務專線，察覺到自身的言行有點危險時，願意主動打電話諮詢是很值得肯定的做法。

即便未演變成虐待，但對他人傾訴自己目前所遇到的育兒問題時，便是踏出了一大步。有時只是因為這樣，心情就能變得輕鬆，進而產生餘裕。

致電諮詢後，相關單位的專業人員就會給予協助或前來拜訪，並提供許多建議。若根本原因在於經濟狀況等其他問題時，他們也會幫忙轉介專職單位。

行政服務總是有許多令人搞不清的部分，主動撥打189等保護專線表明自身的情況，請求協助時，就能與行政單位形成連結，還請大家記住這點。

育兒的終點究竟在哪裡？

能忍受無力感時即為終點

一般總認為，育兒的終點在於「孩子完成○○目標」後，例如大學畢業、找到工作等，不過身為精神科醫師的我認為，這並不足以畫下句點。我主張**「當家長能忍受『無力感』時即為終點」**。

無論是哪種類型的父母，都有理想的育兒藍圖、盼孩子能成為優秀的大人，或多或少都懷抱著希望與期待。然而，大部分的孩子並不會事事都如父母所願。儘管家長對孩子總是有所期許，但孩子會根據自身的想法選擇要走的路。這是很天經地義的事。

孩子終有一天會離開父母身邊，父母雖然感到失落，充滿無力感，但也只能接受。當父母親能接受自己其實幾乎無法為孩子做任何事的這項事實，懂得尊重孩子的感受與想法時，在這個階段，即已完成了從家長視角出發的育兒任務。

從孩子視角出發的終點也很重要

另一方面，育兒的終點不光只從家長的立場來判斷，還需要搭配孩子的視角。從孩子視角出發的終點則是，能從父母身邊獨立，並對自身的言論與行為負責。

為此，家長用心經營，讓家能成為孩子感到安心、安全的所在是很重要的，好讓孩子從小學會對父母說出自身的意見與想法。缺乏這樣的環境時，孩子就不敢對父母表達自身的主張與感受。

看到父母每天爭吵不休、考100分時跟沒拿到滿分時所受到的差別待遇，會讓孩子覺得自身的存在不知哪天會遭到父母否定，總是感到不安與恐懼，毫無安心、安全可言。當孩子知曉無論做任何選擇，父母親都會予以支持、即便遇到挫折，自身的存在也不會遭到父母否定，而具有安全感時，就能無拘無束地表達意見，像是想做什麼事、想讀哪間學校、想從事什麼樣的職業等。正因為有一座能完全接納自己的心理安全基地，孩子才得以肯定自我的存在，並因此學會對自身的言論與行為負起責任。對孩子而言，這就是終點。

被毒親養育長大的單親媽媽終於能叫出孩子的名字

與孩子共處一室就會覺得痛苦難耐

我接觸過許多對育兒沒有自信、對自己可能是毒親而深感不安，因而前來找我諮詢的個案。在過去的患者當中最令我留下深刻印象的是，年約30歲上下，名叫M子的女性。她是一名育有4歲女兒的單親媽媽，由於擔心自己因為精神狀態不穩定而虐待小孩，所以才來醫院求診。她對我表示，心情煩躁時會吼孩子或罵個不停，而且也曾動手打小孩。她向行政機關的育兒支援單位諮詢此事後，被建議前往精神科就醫，因此才來我的門診。

與M子晤談後才得知她本身也曾受到父母親的虐待。我想，行政機關應該也是察覺到這點才建議她就醫。

這類型的人包括M子在內，由於成長過程不曾得到父母的關愛，因此不曉得該如何接納自己的孩子。孩子會給予母親純度百分之百無條件的愛，但M子無法全心接納，只是感到困惑，不知道該怎麼做才好，並認為小孩是非常可怕的對手。由於從小就無法全然相信他人，即便是自己的親骨肉，也會忍不住揣測這個小生命究竟有何企圖。再加上孩子年幼尚無法溝通，更加難以理解其心理，而令她愈發感到恐懼。

M子表示，與孩子待在同一個空間時就會感到無比不安，覺得非常尷尬。儘管如此，孩子還是會對母親展現出依賴，令她感到無所適從，難以理解，總是戰戰兢兢導致情緒變得不穩定，一點小事就會暴躁易怒。

然而，M子本身在過去也曾遭到父母同樣的對待，因而警覺到再這樣下去的話大事不妙，遂主動發出SOS求救訊號。她對於自己遷怒年幼孩子的行為感到強烈厭惡的心情令我印象深刻。

放眼周遭，同年代的親子檔們都相處得和樂融融，只有自己是這副德性……讓她感到非常抬不起頭。

育兒不順利全都是自己的錯？

M子夜不成眠，反覆出現拒食與過食的情況，因為帶孩子而整天關在家裡令她感到恐慌，精神狀態相當不好，原本在女兒出生前所樂於參與的休閒活動，現在也完全提不起勁。由於她已符合憂鬱症的診斷標準，因此在醫院就先從憂鬱症的治療著手。

除此之外，還搭配醫院的心理諮商，並請保健中心、育兒支援NPO介入，不斷擴大協助範圍。

對M子來說最重要的果然還是心理諮商。其中最關鍵的一項療法則是，令其實際體會到親子心連心的訓練。4歲仍屬於相當年幼的時期，在精神上還非常依賴父母親，但M子卻拒絕與孩子互動，導致彼此的連結快要斷裂，因此確實修補母女關係則成為最緊要的事項。

在正式進入修補親子關係的訓練前，要先做的功課就是，接受自己與父母親的關係。換言之，亦即確實接受從前虐待自己的父母親其實不太正常的這項事實。

M子具有非常強烈的自我厭惡感，為了讓她明白，之所以會變成這樣不是她的錯、無法產生自信也不是她的罪過，首先就必須促使其認知到，自己的父母親在某種意義上並不正常，接著才展開正式的訓練。

自己的父母親或許是生病了

M子的母親從未體恤過她的感受，也未曾展現出理解的態度。每次做飯完全不管主菜與副菜的營養是否均衡，也不會打掃整理，所以家裡總是亂成一團。她們家似乎沒有父親。

根據M子的談話內容，研判其母親可能具有發展障礙或輕度的智能障礙。因此，首先針對此點進行開導，讓M子了解到，因為特定疾病的緣故，導致其母難以理解她的感受、對做菜與打掃也沒有概念。之所以沒有自信、無法好好育兒並不是她的錯，只是剛好比較不幸運在那樣的環境中長大，才會產生這樣的後遺症，並協助她逐漸接受這項事實。

對任何人而言，這都是需要花費大把時間來克服的療程，M子亦沒有例外。要跳脫父母親固然有不好的地方，但也並非一無是處的想法是非常花時間的。畢竟人往往會被「不可以討厭父母」、「要好好孝順父母」的社會風氣與道德觀綁架。

就M子的立場來看會覺得，雖然明白母親就某種意義而言是不正常的，也很討厭她，但畢竟是自己的母親，要與其做切割，並接受現在自己之所以會精神狀態不穩定，都是母親的錯的說法實在頗有難度……。因為對自己沒有自信而變得悲觀，甚至還會動手打孩子，明明是自己糟糕透了，卻突然被開導這全都是母親一手造成的，霎時之間令她感到難以接受，內心非常掙扎。

將自己厭惡的管教方式施加在孩子身上乃異常行為

而突破此瓶頸的關鍵終究在於，本人察覺到「將自己厭惡的管教方式施加在孩子身上乃異常行為」這項不言自明的事實。

原本M子本身就是因為對孩子做出自身所痛恨的管教行為，繼而對自己感到厭惡才前來醫院就診的，也就說她亦明白這並不正常。毫不在乎地對孩子做出自身所厭惡的管教方式，根本不是家長應該有的行為，建立起這項認知後，一舉成為攻破其心防的關鍵點。接下來終於得以進入下一個步驟。

其實M子的情況並不特殊，像這類型的人原本大多個性認真，不會隨便將自身的過錯推諉給別人，更遑論是歸咎於父母親。正因如此，要令當事人接受這項事實才會如此花時間。

M子也是這樣，假若母親與她住得近，而且生活有所交集的話，逃離這樣的環境才是上策。必須與母親保持距離，而且愈遠愈好，但如果一開始的心理建設沒確實做好的話，就會功虧一簣。到頭來還是會因為顧念親情，覺得必須不離不棄而逃不開，導致本人永遠處於痛苦狀態，無法解決任何事。因此，首要之務為接受「問題出在父母身上」這項事實。這最初的一步真的無比重要。

同時還必須建立「是父母的錯而非自己不好」的認知，確實面對過去的心理創傷。我想這對M子而言也是非常艱辛的一段過程。

確實呼喚孩子的名字

在諮商過程中會詳實地進行提問，掌握患者過去遭到父母何種對待、對什麼事感到恐懼。M子的情況則是小時候曾被關在漆黑的儲物櫃內，留下很深的心理陰影。還有跟母親訴說在學校遭到霸凌的事，但母親卻置若罔聞毫無作為等。聆聽M子這些傷心往事的同時，也逐漸看清了她內心的創傷，必須使其明白，因為這些創傷的緣故，不光讓她把母親拒於門外，也拒絕與其他人有所互動交集。

接著令其了解到，與他人有所互動交集是很美好的一件事。我對M子所採用的治療方式則是透過育兒，促其領略箇中美好。

而此療法的第一步為，「呼喚孩子的名字」。由於M子對女兒感到恐懼，一心只想與之保持距離，不太願意親近，因此對於呼喚孩子的名字有著十分強烈的抗拒感。

於是請M子確實叫出孩子的名字，當孩子聽到呼喚，轉向媽媽做出反應時，就能有助於彼此建立關係。

也請孩子叫「媽媽」

另一方面，也請孩子確實地稱呼M子為「媽媽」。由於M子對於孩子叫她媽媽這件事分外感到格格不入，因此必須藉由小孩的呼喚來促其體會到母女之間的連結。

此外，M子本身則稱呼自己的母親為「那個人」，提到母親時總是用「那個人就是那樣」這種冷眼旁觀的說法來表示。現實生活中的母親與她心目中慈祥和藹的理想形象相距甚遠，導致她無法稱呼母親為「媽媽」。為人母後，她也因為自己對孩子來說並非溫柔和善的母親，而對被喚為媽媽這件事感到無比痛苦。

因此才會盡可能地避免讓女兒以媽媽來稱呼她。我開導M子，讓孩子叫媽媽、增加彼此相處的時間，才能培養穩固的親子依附關係。如果過程中覺得難以忍受，抑或感到不安時，可以適時地服用處方藥物。我也建議她，若一時對孩子感到心煩氣躁，可以搭配躲進廁所保持距離、照照鏡子、洗手洗臉等方法來讓自己冷靜下來，以克服心理障礙。

M子便根據這些建議，找到能讓自己精神穩定下來的方法，並一點一滴地與孩子建立起互動關係。在這過程中，她也漸漸地不再抗拒呼喚孩子的名字，以及被孩子叫媽媽。與孩子在一起時，雖仍多少令她覺得緊張，但已不像一開始那樣感到厭惡。

卸下心防，不斷展現出接納孩子的態度，是M子最大的變化。由於她強烈要求自己「不能對孩子做出自己所厭惡的行為」，因此想打孩子、演變成虐待的衝動也大幅消失。她在控制自身情緒方面亦花了相當多的時間，並逐漸獲得改善，日益進步。

再婚與遷居成為結束治療的契機

M子的女兒也有了大幅的改變。她在4歲時首度前來醫院，我的第一印象是整個人沒有活力相當安靜，面無表情完全不像個孩子。現在回想起來，或許是因為不曉得媽媽又做了什麼事而感到害怕也說不定。透過心理諮商，不斷獲得母親的接納後，M子的女兒也開始恢復兒童本色，顯得開朗快活。有時還會對M子流露出撒嬌的表情，令我覺得很欣慰。

最初的心理諮商療程曾半途中斷過，大約花費了1年半的時間，完成了為期16次的治療。接下來則用詢問近況的方式，以促進M子吐露想法為目的安排她定期回診，持續追蹤超過3年的時間。M子再婚並隨之搬遷到其他縣市定居則成為結束治療的契機。

再婚與遷居讓一切重新出發

儘管M子與母親的關係並不算十分融洽，不過總算是找到了符合現實考量的互動方式。我從一開始便不斷告訴M子，其母親的行為實屬異常，勸她不要與母親有太多交集，M子基本上也明白我所說的話，但因為彼此住得近，要做到零互動不相往來相當困難。與子女有所交集時，毒親就會得寸進尺，出言干涉育兒大小事。M子本身也很害怕母親會將當年對待她的那些做法，施加在自己的孩子身上，因此我總是建議她盡量與母親保持距離。

最後M子則幸運地透過再婚、遷居這個方式讓一切歸零。搬家自然就能與母親保持物理上的距離，我個人認為這對她來說是相當有益的。

如同M子般，能自我察覺到不對勁並發出SOS求救訊號的人，多半都能獲得好結果。M子生性堅強，能夠發現自身有異並對外尋求援助，但遲遲難以察覺到這點的人其實不在少數。話雖如此，還是希望大家對自己的身心狀態提高警覺，一旦覺得有異時，切勿置之不理，還請盡速前往醫療院所就診。

第 4 章

萬一另一半的父母是毒親的話？

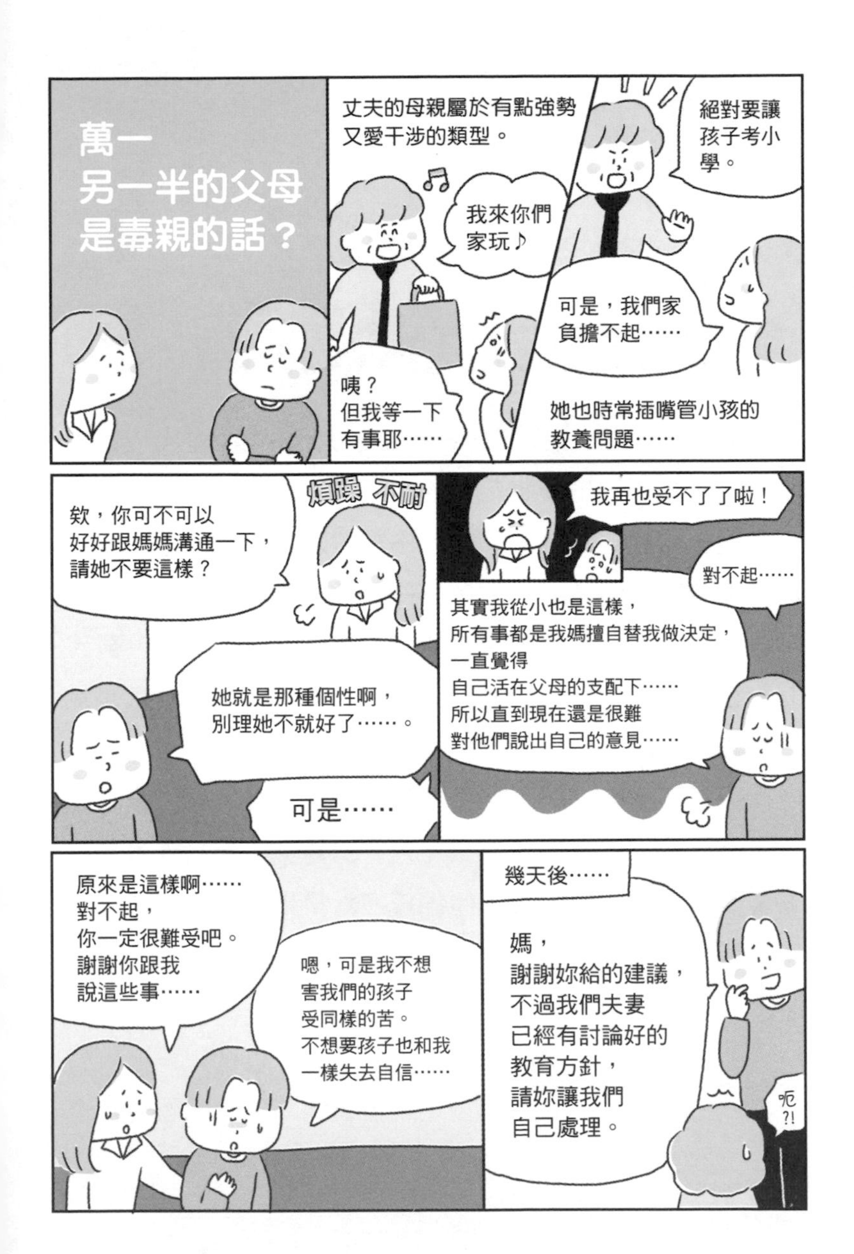
萬一
另一半的父母
是毒親的話？
丈夫的母親屬於有點強勢
又愛干涉的類型。
我來你們
家玩♪
咦？
但我等一下
有事耶……
絕對要讓
孩子考小
學。
可是，我們家
負擔不起……
她也時常插嘴管小孩的
教養問題……
煩躁 不耐
欸，你可不可以
好好跟媽媽溝通一下，
請她不要這樣？
她就是那種個性啊，
別理她不就好了……。
可是……
我再也受不了了啦！
對不起……
其實我從小也是這樣，
所有事都是我媽擅自替我做決定，
一直覺得
自己活在父母的支配下……
所以直到現在還是很難
對他們說出自己的意見……
原來是這樣啊……
對不起，
你一定很難受吧。
謝謝你跟我
說這些事……
嗯，可是我不想
害我們的孩子
受同樣的苦。
不想要孩子也和我
一樣失去自信……
幾天後……
媽，
謝謝妳給的建議，
不過我們夫妻
已經有討論好的
教育方針，
請妳讓我們
自己處理。
呃
?!

萬一另一半的父母是毒親該怎麼辦？

偏離育兒方針時予以糾正

若另一半是在毒親教養下成長的話，可能會出現對子女十分嚴格、硬是要將各種規定套用在孩子身上等情況。尤其是在新冠肺炎疫情期間，由於遠距工作的關係，另一半在家的時間變多，導致上述傾向愈發強烈，也是經常耳聞的現象。但要讓另一半有所改變，實在難如登天。雖說是自己的伴侶，但終究是他人，相信大家也都明白人是無法改變他人的這個道理。

不過彼此畢竟是夫婦，我想應該還是有溝通商量的餘地。因此，首先**請夫妻倆決定好育兒方針，若另一半說出類似毒親的偏頗言論時，請根據方針提出指正，防止另一半毒親化**。

遇此情況時，注意表達方式也很重要。儘管彼此是夫妻，但直言「你的說法不對」其實不妥。這樣只會導致對方鬧彆扭，無助於改善毒親化現象。此時須比照對待孩子的方式來處理，請先理解另一半之所以會做出這些言行的原因。相信伴侶也是以自己的方式在努力，不妨先對其用心表達慰勞之意。例如「謝謝你總是幫忙照顧孩子」、「想到孩子的事，難免會覺得擔心吧」等。接著才試著表達「可能是為了想消除這些擔憂與不安，所以你才會那樣對待孩子，不過我覺得，這似乎跟我們所決定的教育方針有所出入」。

以「我」當主語

表達的重點在於，以「我」當主語。用「你」來指稱時，就會演變成吵架。不說「你錯了」而是用「我是這麼覺得的」來表達時較容易讓對方聽進去。請透過這種方式盡可能將另一半的管教行為導回正軌。若另一半的毒親化情況日益嚴重，甚至用這種方法都救不回來時，要促其學會正確對待孩子的互動方式則會變得相當困難。當事已至此時，從平時就盡量讓伴侶維持好心情，或許才是明哲保身的上上策。

面對接受毒親養育的另一半，說「謝謝」就是最好的良藥

被毒親養育長大的人容易累積不滿

來自毒親家庭的人，由於從小到大不曾被父母接納過，因此長大成人後很容易對人際關係感到不安。即便獲得自己所重視之人的親切對待，也會感到戒備「應該只是剛好因為對方心情好吧……」而在不自覺間累積了許多不安與不滿。由於這一切皆始於當事人誤認為，沒有人會願意接納、認同自己所導致的，因此，**身邊的人能展現出多大的包容度，即為關鍵重點之一**。當自身的存在能獲得某人認同時，對當事人而言，該名對象就能成為安心基地，火大煩躁或不滿的情形也會隨之減少。

尤其是被毒親養育長大者，往往難以對人訴說自身的成長環境，即便對象是伴侶亦然。畢竟是傷心的過去，本人也不想回憶起這些事。能察覺到自己的父母為毒親，是很難能可貴的事，因此聽到另一半第一次開口談到自己的父母親與原生家庭時，**請記得說聲「謝謝」**。因為另一半

在開口談這件事之前，應該歷經了一番天人交戰。

接著請撫慰另一半內心的創傷。這也可能是終其一生都不會癒合的傷口，因此請絕對不要隨口說出「你的爸媽應該也很辛苦」、「都已經是大人了，就好好跟父母相處吧」之類的話。這種說詞會讓當事人覺得自己並未受到理解，有時還會突然閃現創傷發生時的記憶。因此，請對其經歷表達同感：「真的很辛苦呢」、「很不好受吧」，理解其備感煎熬的情緒。

持續表達感謝之意

接下來，請持續不斷地表達「感謝」之意。內心帶著創傷者，大多從年幼時期便飽受折磨，不但自身的存在不被認同、不曾被無條件地愛過，就連受到稱讚的經驗也很少。正因如此，對伴侶展現應有的關懷，慢慢地撫平其傷口，對伴侶來說才是最能感到安心的事。

即便只是日常生活中的小事也無所謂，像是「謝謝你幫我拿東西」等，表達出有你在，我真的很感激時，對方能得到極大的安慰，覺得自己的存在獲得到肯定。

該如何與另一半的毒親相處？

以避免衝突的表達方式來保持距離

自己的父母不是毒親，但若另一半的父母親是的話，就有可能對小倆口的婚姻生活，以及孫子女的教育方式一一插嘴干涉。也就是會將自己的那套育兒理論加諸在孫子女身上。大部分其實都沒有惡意，就是出於一種「我是好意幫忙」的心態。但子女只會感到一個頭兩個大，因此必須想辦法保持距離。

重點在於，以避免衝突的說法來表達立場。建議大家可以用**「這是醫師說的」**來四兩撥千金。比方說另一半的父母親強勢主張某樣事物對孩子的發育很好，但若自己覺得無法接受時，就把自己真正的意見包裝成醫師所言，「孩子的醫師說，現階段維持這樣的做法就好」。抑或避重就輕地表示，若不按照醫師的吩咐做，對方可能會不高興之類的。

剩下的就端看另一半如何努力了。若另一半趁自己不在場時糾正父母「聽我老婆說，你們插手管孩子的事，意見又很多，拜託不要這樣啦」，這樣的說法簡直就像在告狀，也不會給人太好的印象。因此，請盡可能**在當下對著所有人的面說出自身的看法**。例如，若另一半的父母親對孩子的教養方式插嘴時，就必須請另一半當場發難，提醒父母別這樣。之後才表態是沒有效果的。另一方面，也請漸漸地與另一半的父母親在精神層面上保持距離。如果這麼做還是陷入進退維谷的境地時，就有必要保持物理上的距離。

自己的父母與另一半，該重視哪一方才對……

應尊重另一半的意見而非父母親的

結婚代表自組家庭，這個家不是與原生家庭成員，而是與另一半攜手共築而成的。因此即便自己的父母親對育兒方針多所置喙，**大原則仍是尊重與另一半共同決定的事項**。

最常見的情況是，與另一半商量討論並訂立了育兒方針，最終卻違背彼此說好的事項，採用自己父母親的意見。來自毒親家庭的孩子，長大成人後仍舊習於看父母臉色或聽從其意見，這點在婚後依然不會有改變。

太過受到父母親的影響時，若能帶來益處倒也無所謂，但負面效應卻會連鎖循環。而且最大的問題在於，每次與伴侶討論決定的事項最後都會化為泡影，導致無法再獲得另一半的信賴。請告訴自己「應該與伴侶同陣線」，重視另一半的意見，而非父母親的主張。

努力拉開另一半與父母的距離

有些來自毒親家庭的人，因為父母親會說自己另一半的壞話而感到苦惱。

像這種情況也有必要根據實際考量與之保持距離。不必突然音訊全無搞失聯，想出現實可行的互動方式才是重點所在。

古諺有云，腳踏雙船兩頭空，或許情況雖不至於如此，不過要兩邊討好，又不會顧此失彼其實是很困難的。因此，**在與另一半加深關係的同時，有必要漸漸地拉開與父母親的距離**。

首先，請下功夫與自己的父母親保持距離。若父母喝酒後會說媳婦或女婿的壞話，避免出現在酒席上就是最有效的方法。

話雖如此，要立即做到無視父母的程度是很困難的，所以就是秉持著左耳進右耳出的態度來互動就好。比方說規定自己晚上不跟父母親聯絡，隔天早上只要簡單交代一句「我沒看到訊息」，或是「那時我已經睡了」就好。像這樣，請逐步拉開彼此的距離，找出現實上可行的折衷方式來互動。

第 5 章

單親家長比較容易成為毒親？

單親家長
比較容易成為
毒親？
唔！
我回來了～
對不起喔，加班到
這麼晚才回來。
玩得
起勁
又在打
電動……。
嗯。
這孩子沒有爸爸，
所以我得好好教育
他才行。
火大
功課寫了嗎?!
吼！
妳幹嘛啦～！
爆氣 狂唸
其實我應該
花更多時間陪伴孩子，
但又必須工作賺錢養家……
既沒錢又沒時間……
敗壞
氣急
吼—！煩死了！
很無聊耶！
沒有錢
責任
也沒時間
孤獨
必須保護
孩子
好無助喔。
覺得好累。
緊繃
單親家長往往會選擇
獨自承受煩惱，
不過育兒與經濟方面的問題
可以請教行政單位或NPO。
還請先收集相關資訊喔。
！
放鬆

單親家長比較容易毒親化？

助長毒親化的2項要素

單親家長不見得一定就會毒親化。只不過，單親家長的處境往往會**牽連到貧困與孤立的問題**，較容易產生助長毒親化的要素也是不爭的事實。

平成28年度（2016年）厚生勞動省的「全國單親家庭等調查結果報告」顯示，日本的母子單親家庭為123.2萬戶、父子單親家庭為18.7萬戶，由此結果可知，單親媽媽占了壓倒性多數。在這當中，有在工作的母子單親家庭為81.8%、父子單親家庭為85.4%，兩者的就業率皆超過80%。只不過，母子單親家庭有43.8%、父子單親家庭有6.4%是從事鐘點工作或打零工，兩者之間的比例相當懸殊乃一大特徵。此外，厚生勞動省「2019年國民生活基礎調查概況」指出，育有孩子的一般家庭平均所得為707.6萬日圓（2015年），但母子單親家庭的平均所得為348萬日圓、父子單親家庭為573萬日圓。就調查數據來看，母子單親家庭的收入普遍偏低的情況相當顯著。

有工作在身就會沒有時間與孩子相處

承上所述，單親媽媽為了增加收入就必須努力賺錢，也因此在生活上沒有餘裕，與孩子相處的時間也隨之變少。結果導致難以與孩子建立起信賴關係。

為了生活而不得不想辦法增加收入，**卻因此更加沒有時間與孩子培養信賴關係**，並陷入這樣的負面循環裡。

分身乏術導致社交人際互動受限也很不利。由於單親媽媽沒有空閒與餘裕學習進修或加入各種團體，因此也沒有對象可以求助，只會愈來愈孤立。這造成了單親母子家庭的虐待情況以疏忽照顧占最大宗。會躍上新聞版面的，也的確都是放著孩子不管去會情人、將孩子長時間留在車上的案例。其他像是，因為手頭不寬裕，讓孩子有一餐沒一餐地挨餓、孩子生病了也不帶去就醫、繳不起學費而乾脆不讓孩子去上學等。這些全都屬於疏忽照顧的狀況。

毒親化的要因1
應對「貧困」的方法

善用補助金與津貼等援助制度

上一篇提到單親家長較容易面臨「貧困」與「孤立」的問題，這也會成為助長毒親化的要素。

第一種應對方法為，**促使當事人明白此事實**。知曉自身的處境，懂得該向何處尋求協助，透過收集資訊與做出實際行動來解決貧困與孤立的問題是非常重要的。為了斬斷負面連鎖效應，必須從現實層面著手處理。

首先，關於金錢方面，我在醫院門診也經常幫忙宣導，對於母子單親家庭所提供的援助，可大分為2項。

第1項為**「子女扶養津貼」**。在請領資格方面雖然會有所得上的限制，不過令和4年（2022年）每月所能領取的最高額度為4萬3160日圓。首先請提出申請，確實獲得補助。

另一項為**「醫療費用補助」**。制度內容會根據自治單位而有所不同，但醫療費用能獲得減免。

其他還有車資優惠或住宅費用補助等，每個自治單位皆設有各種津貼或補助金制度，請隨時留意相關消息，以掌握各種資訊。

此外，單親家長也可以考慮利用**「福祉資金貸款」**這項制度。這屬於借貸措施，能夠針對入學金或學費等提出申請。確實了解這些制度，如有必要則尋求協助，相信應該能減輕金錢方面的不安。

＊編注：此單元內容為日本的社會福利制度，僅供參考。台灣可透過地方社會局，香港則可透過社會福利署諮詢相關補助申請流程。

毒親化的要因2
應對「孤立」的方法

醫院會幫忙轉介專職單位

有些人會因為自己的單親家長身分，認為孤立也是無可奈何的情況而感到放棄。但很有可能**因為孤立而不斷陷入惡性循環裡**。像是無法發出SOS、沒有對象可以吐露心事，導致壓力不斷累積，甚至會將怒氣發洩到孩子身上。實際上，單親家長往往都會拖到**身心俱疲、已不堪負荷**時才前來就醫。睡眠時間不夠、無法消除疲勞，總是感到全身乏力，有些人甚至無法回想起這些症狀究竟是從何時開始出現的，被診斷為憂鬱症者也十分常見。

此時自己的父母能否提供協助則成為最大的關鍵，但若自己的父母是毒親反而令人感到猶豫，實在很難開口要求他們幫忙。如此一來就真的會變成孤軍奮戰，結果就是壓力纏身，毫無餘裕，甚至無法做到親子之間最基本的互動。極力想化解這樣的狀態不但是當事人的願望，同時也是我們醫療從業人員的職責所在。

向行政單位或NPO尋求協助

醫療院所會針對憂鬱症狀提供治療，但要解決最根本的問題，**重要的是讓各界幫手參與進來**，因此院方會積極為患者轉介專職單位。我們首推每個鄉鎮市區一定會有的**「育兒世代綜合支援中心」**（類似台灣的社會福利服務中心／香港的衛生署家庭健康服務），這是針對懷孕、生產、育兒提供協助的一站式機構。在這裡能請教保健師與助產師各種問題，有助於化解育兒的不安與預防虐待情事發生。此外，我們也會向患者介紹名為**「單親家庭支援中心」**的機構（類似台灣的單親家庭服務中心／香港的綜合家庭服務中心），單親家長常見的煩惱，例如生活以及離婚方面的法律諮詢等都可以在此尋求協助。當精神狀態不穩定時，則建議大家撥打24小時全年無休的兒童諮商所**虐待保護189專線**（類似台灣的親職諮詢專線或家庭教育中心）。該單位也會幫忙轉介可以臨時托育、為親子提供交流天地的NPO。請大家針對自身所居住的地區，調查有哪些制度與機構，並加以利用找出最適合自己的措施。廣開門戶與許多人往來接觸才是最理想的應對方式。

單親家長身邊的人能做些什麼？

先放下偏見

在單親家長身邊的人，能提供什麼樣的協助呢？

我認為，首先應**放下對單親父母的偏見**。以前日本政府所推廣的「夫妻生育2個孩子恰恰好」的範例模型，是昭和時代的產物。在如今的時代，家庭型態的多樣性已成趨勢，成為單親也是其中一項選擇。因此，單親家長絕對無須感到愧疚或抬不起頭。

接著則是將單親家長的貧困處境**視為社會問題**。比方說，在日本即便能領到滿額的子女扶養津貼，也不過只有4萬3160日圓，根本稱不上足夠。而且此金額全國一致，大都市也是4萬3160日圓，小城市也是4萬3160日圓，但實際價值卻會因為居住地區而出現極大的差異。若周遭的人心存偏見，聽到單親父母感嘆「子女扶養津貼好少」，就會認為「這是你自己該負責的吧」、「應該是你不夠努力吧」把這些困境視為個人問題。

然而，若將這些情況當成社會問題看待，聽到「子女扶養津貼好少」這句話時，就不會說出「總比沒有好吧」這種話，而是能展現出理解的態度「真的很不夠用呢」。雖然津貼並不會因為這樣變多，但周遭之人改變看待問題的觀點，會是促進形成對單親父母友善環境的一大步。

請在災害發生時給予關懷

另一項希望周遭之人留意的是，會令單親家長陷入困境的情況。我在門診最常聽到的是**「萬一自己身體不舒服的話，就無法去幼兒園接送孩子上下課」**。

此外，很多單親家長表示，發生地震等災害時會異常感到不安。尤其是單親媽媽，若家具被震倒的話，根本無法自行恢復原狀，可能會需要請男性或其他人手幫忙。

有鑑於此，在地震發生後，**身邊的人不吝問一句**「地震還好嗎？」就能讓單親家長獲得很大的安慰。為了不讓單親家長落入孤立無援的處境，請先放下偏見，明白其困境。這就會成為幫助單親家長的一大動力。

單親家長該如何防止自身毒親化？

補救毒親化的3個方法

許多單親家長認為「正因為是單親的緣故，更應該把孩子教好」而背負著壓力與責任，並**往往會因此對孩子展現出嚴格的態度**。嚴厲對待孩子，會讓他們愈發感到喘不過氣、生活困難。此外，單親家長既要忙工作又得處理家事，很難保有心靈上的餘裕，可能會對孩子感到不耐煩而大發脾氣。誠然，家長能做到不遷怒孩子是最為理想的，但萬一發生這樣的情況時，還請牢記以下3種方法來加以補救。

❶ 進行肢體接觸

首先請將重點放在擁抱或陪伴孩子入睡等「肢體接觸」上。單親家長實際與孩子共度的時間或許很短，但請盡量在親子相處時間中進行肢體接觸。這麼做有助於培養良好的依附關係，與家長在一起的時間和空間會令孩子產生安全感。

② 增加在家以外的親子共處時間

假日往往讓人想在家休息，消除疲勞，不過還請撥空與孩子外出，哪怕只有2小時都好。這是為了增加孩子與家長在除了家以外的地方相處的體驗。因為單親家庭的孩子往往面臨家長整天在外的情況，能跟父母一起出遊的時間相當少。請讓孩子能獲得更多與父母外出互動的時光與經驗，這樣不但能提升他們的感受力，透過親子共同的體驗，還能加深彼此的情感連結。

③ 發出SOS

若已出現會拿孩子出氣以發洩壓力，甚至動手打小孩等毒親化現象時，要靠一己之力解決是相當困難的。遇到這種情況時，請鼓起勇氣發出SOS。**這不是為了自己，而是替孩子著想的行為。**很多單親家長會認為，這條路是自己選的，所以不能抱怨有多辛苦有多累，往往不跟任何人吐露這些心事，獨自承受一切。然而，實際上，生活原本就是苦多於樂，因此無論是找醫院、行政單位、民間團體也好，請選擇適合自身生活型態的機構來尋求協助。

第 6 章

重新檢視與父母的關係

重新檢視
與父母的關係
小時候
媽媽，
我考了80分耶！
80分喔……
妳應該可以
考更好吧！
回憶重現
當時實在
很傷心……
刺痛
回憶重現真的很不好受呢。
在自己已經長大成人的現在，
不妨透過以下3項練習
來重新檢視與父母的關係。
① 分開看待「事實」與「情緒」
② 推翻自我否定
③ 為「原因」和「答案」
建立因果關係
試著持續做了
3個月的練習後。
那時很不開心，
感覺自己被否定。
或許也不必勉強自己
原諒父母親。
稍微保持距離
會比較好。
關閉通知
沒錯沒錯！
微妙的距離
就是絕妙的距離！

在育兒過程中閃現不愉快回憶時如何應對

愈是不愉快的記憶愈容易留下

即便受到毒親的教養，但在長大成人離開原生家庭之後，與父母之間的不愉快記憶也會隨著時間被沖淡。不過當自己生下孩子**展開育兒生活時，過往的記憶也會跟著閃現是很常見的情況**。受此影響就會漸漸地對自己的教養方式失去自信。

與情緒形成連結的記憶原本就比較容易留下。比方說，大部分人應該都不記得，今天早上是從右腳還是左腳開始穿襪子的吧？因為這項行為並未伴隨著任何的情緒，因此不會留下記憶。能立刻想起一週前晚餐內容的人應該也很少，但去國外旅行吃的東西，只要努力一下就能回想起來的人或許還挺多。這是因為，這些記憶伴隨著非日常的雀躍感和愉悅的情緒所致。

其實，不愉快的記憶會比快樂的記憶更深刻烙印在腦海裡。尤其是自己為何得遭到這種對待的委屈記憶，更容易留下。這是因為，**自己直到現在都還無法接受，為何當時必須受那種委屈的緣故**。既無法接受又找不到答案，想方設法找個理由來說服自己，最後乾脆將原因歸結在都是自己不好才會這樣。

因此，過往的不愉快記憶在育兒過程中甦醒，覺得自己不管做什麼都一塌糊塗，所以育兒可能也會不順利的這種無能為力感，是很常見的思維陷阱。

接下來會為大家介紹消除這些不愉快記憶的方法。

消除與父母之間剪不斷理還亂的不愉快記憶

3步驟消除不愉快記憶

請透過下述3個步驟來消除長久以來累積在心頭，受毒親荼毒的不愉快記憶。

步驟1：分開看待「事實」與「情緒」
步驟2：推翻自我否定
步驟3：為「原因」與「答案」建立因果關係

步驟1：分開看待「事實」與「情緒」

首先請將「事實」與「情緒」分開看待。**只要伴隨著情緒，這份記憶就會不斷留存下來。**暫且拋下當時很痛苦、覺得很討厭的這些感受，只須以第三人稱視角客觀捕捉事實即可，像是「父母總是拿我跟哥哥比較」、「曾被關在室外1個小時」等。

話雖如此，剛開始嘗試時並沒有這麼簡單就能做到。即便從第三人稱的角度出發，但在挖掘事實的過程中，終究會伴隨著難過的情緒。無須否定這些感受，請以第三人稱視角來分析「當時一定很後悔吧」、「當時一定很痛苦吧」來完成第1步驟即可。

步驟2：推翻自我否定

進行步驟1的過程中，有時會湧現負面情緒，進而否定自身的能力或存在。此時可以採取的第2個步驟，就是針對這樣的負面想法**自問自答**：事實真的是這樣嗎？

比方說，假設你現在湧現一股懷疑自己的育兒方式似乎失敗、自己似乎沒有資格教養孩子的情緒。此時應該靜下心來分析：的確是有不順利的地方，可能也做得不太好，但也有表現得不錯的部分。而且對這孩子來說，我就是唯一能依靠的人。我剛才也有確實給予孩子安撫、擁抱來平復其情緒，所以我的存在是有意義的。

像這樣，當腦中出現責備自己的想法時，對想法提出懷疑並予以否定的這項過程即為步驟2。

步驟3：為「原因」與「答案」建立因果關係

第3個步驟為，藉由「原因」來說服自己。正是因為自己無法接受事實的緣故，那些不愉快的記憶才會一直留存下來。只要能守護心靈的健康，不管用什麼理由都無所謂，請確實為出現不愉快記憶的「原因」與「答案」建立因果關係。

話雖如此，在這個步驟中答案只有一個——**「是父母親不好而非自己有錯」**。原因在於「父母對待與管教自己的方式不好」，所以才會害自己產生這種不愉快的情緒，在心中歸結出這個因果關係是很重要的。這樣的說詞或許會引來其他人的撻伐「不要什麼都怪到父母頭上」。然而，守護自身的心靈健康比較重要，因此無須被旁人的這些雜音左右。因為父母不好才造成這一切，自己也覺得很無奈，藉此讓自己能在心裡做個了結，就是最後的步驟。

這3個步驟請至少反覆執行3個月。進行這些練習時，難免會對自己產生負面情緒，遇到這樣的情況時，請適時地修正負面想法。

以名字作為主語來寫日記

將這3個步驟寫在紙本上也有很好的效果。先站在客觀角度將過去所遭受到的對待寫在筆記本上，此時**請不要用「我」來當主語，而是試著以名字等第三人稱的視角來書寫**。

例如，「我不知聽過多少次『以後就當作沒你這個孩子！』的這種話」可以改成「鈴木不知聽過多少次『以後就當作沒你這個孩子！』的這種話」，比照旁觀者的立場只針對事實加以記述。在這當中會湧現對自己感到否定的情緒，請一一確實予以否定，告訴自己沒這回事。

在書寫過程中，學會接納對育兒感到不安或抱持著負面想法的自己時，就能切身體會到，儘管會受到負面想法的干擾，但自己身為父母有其存在的意義與必要性。

令自己產生這些負面想法的原因在於父母，而非自身之過的最終結論，也請詳實記錄在筆記本上。反覆進行這項練習後，出現負面思考的次數也會減少，內心就會放輕鬆，產生「這樣就好，無須苛求」的想法，如此便達成了一項目的。

如何與年老的毒親保持適當距離
屬於輕症程度時

注意表達方式來進行對話

毒親即便上了年紀還是會出言干涉子女的育兒方式。我在第2章向讀者們解說了與父母親保持適當距離的重要性，接下來則會針對毒親的毒性程度，為大家更深入具體地進行講解。

若父母的毒親指數屬於輕微程度，還可以溝通時，就請先從對話著手。**確實表達自身的感受**即為首要之務。只不過，毒親畢竟是毒親，曖昧模糊或話中有話的說法是起不了任何作用的。由於這類型的家長可能具有發展障礙或輕度智能障礙的情況，以婉轉含蓄的方式表達，反而會衍生誤會，導致事態愈發惡化。因此，最好能明確地表達「希望你別再干涉」。

只不過，還是必須留意表達方式。劈頭就說「你別插嘴」、「不用你來管」只會引發爭吵，一開始先表達感謝較能順利切入正題。即便內心並不這麼想，還是先說**「謝**

謝爸／媽你總是幫忙帶小孩」來當開場白會比較好。不過，煞有其事地表示「爸／媽，我想拜託你一件事⋯⋯」時，父母聞言會感到戒備，不太願意理會。因此，建議大家以**「爸／媽，我想跟你商量一下⋯⋯」**的說法來帶入正題。如此一來父母就會覺得，我是育兒教養的過來人，有事好商量，而願意展現出聆聽的態度。

一併舉出理由來進行說明

接下來要表明「關於教養方面，我們夫妻有自己的安排」的主旨，而重點就在於，一併舉出理由來說明，否則是完全無法說服父母親的。而且任何理由都可以，意外具有效果的是，**引用醫師或學者等專家所說的話**。「時代已經變了，育兒專家也說，教養方式應該跟老公好好討論後，邊試邊修正，所以不太有辦法再採用媽媽妳給的建議」，請以諸如此類的方式來婉拒父母親今後的干涉。其他像是「因為妳是個優秀的媽媽，聽到妳的建議或意見時，就會更加凸顯我的笨拙」刻意放低姿態裝可憐，強調自己因為這樣很難受，希望父母能認同自己與另一半所決定的育兒方針，也是一個不錯的表達方式。

如何應付年邁仍然意見很多的強勢毒親

不著痕跡地掌握話語主導權

毒親即便日益老邁，仍舊很愛提出各種意見，強迫子女接受或插手干涉。子女當然打從心底希望父母不要再插嘴管事，但畢竟父母親對於自己擁有豐富的育兒經驗感到自負與驕傲，若不稍微滿足一下他們想下指導棋的欲望，再如何溝通也只會是兩條平行線。因此，應該努力的方向是，**掌握主導權來評判父母的意見**。不要認為父母所言都是錯的而全盤推翻，而是針對有必要的部分加以採納。

比方說，父母認為是A，自己認為是B，但有可能因此發現盲點C。若根據彼此討論的結果，轉而針對C來採取對策的話亦無不可。

表達自身的意見時，援引專家所說的話會更有效果，此外，也**建議將主語範圍盡可能地拉大**，例如「現在的育兒世代」、「現代的媽媽們」。換言之，「我不是怪媽媽妳不好，而是現在的年輕世代，大家都是這麼做的，所以我也想跟上腳步」用這樣的方法來陳述時，在意外界眼光的父母親，很有可能就會出乎意外地妥協，如此便能達到目的。

加油添醋來強調事實也不失為一個方法。比方說，為了制止父母親插手干預，引用別人家的成功案例，「〇〇家試了這個方法後，聽說小孩的成績突飛猛進耶」透過誇大的方式來主導話題。

有效活用電子郵件與LINE來溝通

若面對面交談會忍不住激動上火的話，**透過電子郵件或LINE等通訊軟體來溝通**，讓彼此能有緩衝時間來冷靜思考也是不錯的方法。而且假如父母親不斷發送郵件或訊息轟炸，既不必立即回覆，就算不予回應也無所謂。若是面對面交談，情緒難免會隨著對方所說的話起伏，導致溝通結果不盡人意，因此可以告訴父母「有事聯絡的話，傳電子郵件或LINE就好」，找出最適合自己的互動方式。

如何與年老的毒親保持適當距離 屬於重症程度時

微妙的距離即為絕妙的距離

面對無論如何溝通仍舊完全講不通的重症毒親，就有必要保持物理上的距離。最適當的距離感雖然因人而異，不過最常聽到的是「搬出來住後跟父母就沒再交談過，除了過節返鄉外根本也沒在聯絡，但也還不至於到斷絕關係的程度」的這種微妙的距離感。也有人問我「跟父母這樣互動是對的嗎？」但我認為這樣的關係非常理想。

請容我再三強調，應付毒親的大原則就是，盡量保持距離，減少接觸的機會。沒有必要對減少與父母親的互動機會這件事感到內疚，因為**微妙的距離在某種意義上其實是絕妙的距離**。

無須認為是否應該像周遭的人那樣，讓爸媽可以至少1個月看孫子1次，或者是偶爾主動打電話聯絡之類的。這樣只不過是隨波逐流罷了，還請提醒自己注意。

請別再勉強自己了

若自己因為父母過去的管教方式而覺得心有芥蒂，並且出自某些原因不想返回老家的話，實在無須勉強壓抑感受，說服自己必須這麼做。硬著頭皮去做根本沒必要做的事才是問題所在。**為了回應父母的期待而將自己放其次的這種事，就此畫下休止符吧。**現在這種微妙的關係才是最理想的狀態，讓彼此得以保持適當的距離。適當的距離是指，譬如說因為某些狀況而不得不回家一趟時，不會感到卻步，而且能按自身的意思選擇上午離開或當天來回，讓自己不會覺得受傷的距離感。而這端看自己如何拿捏。

承上所述，與父母保持物理上、精神上的距離後，接著也請考慮保持經濟上的距離。萬一日後因為某些原因而離婚，若沒錢又無處可去的話，選擇搬回老家的可能性就會大增。好不容易才保持了距離，如此一來難保不會讓一切又回到原點。

有鑑於此，建議目前沒有工作的已婚讀者找個工作來做，即便是兼職也無所謂，讓自己擁有固定的收入。

放不下孩子的老毒親究竟是什麼心態？

妨礙子女回歸職場的老毒親

儘管子女已到了生兒育女的年齡，但有些毒親就是放不下孩子。原因就在於，**自己的人生直到現在依然未獲得滿足**。不但與另一半的關係不好，在外面也沒有獲得認同的機會。在這樣的狀態下，因而誤以為自己可以隨心所欲地操控育兒教養大小事，所以才會對此無比執著。即便子女已長大成人，也想盡量待在他們身邊，以便掌控一切。

即便待在身邊，但若子女自有主張與安排時，就會令毒親感到不安與擔心。所以有些人會在女兒或媳婦生產完請育嬰假期間，阻撓其回歸職場。他們還停留在舊時的觀念，會不斷叨念，女人的本分就是在家做家事帶孩子，不必工作也沒關係。毒親的這些主張其實無關女性的生存之道，純粹只是希望孩子能待在自己身邊，所以非常不樂見子女外出工作。

就連孫子女的生長發育都要插嘴?!

老毒親所造成的不良影響，還有可能波及孫子女。最常見的就是，**連孫子女的生長發育情況都要管**。像是叨唸孫子女學說話慢、學走路慢等，這些話聽在家長耳裡會覺得非常難受。關於生長發育方面，醫師會透過診察進行判斷，因此完全無須在意這些意見。

老毒親對於日常生活大小事也會多所干涉，例如強迫穿外套、主張吃這個對身體好等。明明子女不喜歡這樣，卻依然故我，這就是老毒親的行為。慈祥和藹的爺爺奶奶，對孫子女來說或許能成為心理上的安全基地，但若是老毒親的話，最好還是別讓孩子靠近。

表面上說是為了孩子的幸福、孫子女的幸福著想，但實際上他們根本不管孩子或孫子女的感受，滿腦子只有自己想怎麼做的念頭而已。

因此，無論年事有多高，透過興趣或喜愛的事物，找出能夠滿足自己的方法是無比重要的。總歸一句話，父母本身感到幸福，才能讓孩子幸福。

遠離毒親，找到安心、安全的所在

與原生家庭做切割

有些人長大成人後會想透過對話溝通來促使父母親有所改變，但其實效果很有限。畢竟會傷害孩子的父母親，根本就沒跟孩子站在同一陣線。

因此，確實畫下界線，減少接觸的機會非常重要。不是為了傷害對方，而是為了保護自己的話，透過說謊來拉開彼此的距離也沒關係。向人傾訴或抱怨這種疲累難過的感受也完全沒有問題，還請放過自己。

在擺脫父母的束縛之際，最大的枷鎖就是**外界的聲音**。從年幼時便不斷受到父母的傷害，痛苦難過的程度非旁人所能想像，但若被世人的意見左右「對父母說謊是不對的」、「必須好好孝順父母才行」時，就很難順利掙脫桎梏。

每個家庭環境的個別差異相當大，因此請整頓思緒重新想想，**別人的家與自己的家畢竟是不一樣的**，無法一概而論，再積極找出今後能讓自己感到安心、安全的基地。

找到願意接納自己的存在

身心不斷遭到父母折磨的人，由於父母無法成為能令其感到安心、安全的對象，所以缺乏能理解自身不穩定的情緒、全心接納自己的存在。因此，**今後要去找能接納自己的對象**。若另一半能成為這樣的存在，當然是最好不過的，但並不是所有人都有辦法找到這樣的對象，因此倚仗朋友、同事、主治醫師、心理諮商師等所給予的關懷並非什麼壞事。

此外，也要有將自己的孩子當成安心、安全所在的這種想法。孩子會百分之百無條件地愛父母親，父母除了要能領受孩子的愛，很重要的是，父母要認知到孩子對自己的包容。只不過，孩子內心的可承受量畢竟比較小，無法像大人那樣任何事都能全然接納，因此纏著子女不放或依賴子女成性是很大的錯誤，這點需要加以留意。不過請千萬別忘了，孩子是願意與自己站在同一陣線，無比寶貴的存在。

若毒親已與世長辭，該怎麼做才好？

在神龕前唸出給父母的信

儘管對毒親感到難以釋懷，但若人已經不在世上時，該怎麼做才好呢？蘇珊・佛沃女士在著作中介紹了「在父母墳前唸出寫給他們的信」這個方法，不過必須專程跑一趟墓地較為不便，而且還得顧慮旁人的眼光，因此我建議**「在神龕前唸出給父母的信」**。由於旨在從父母的陰影中畢業，因此我將其稱之為**「畢業信」**。

雖說父母已經過世，但過往的不當管教並不會隨之一筆勾銷，寫信也不是要原諒父母親的所作所為。無法原諒父母也無所謂，畢業信的用意是在精神層面上與父母親斷絕關係。接下來為大家說明具體做法。

❶ 寫下以往所遭受到的不當對待

步驟1，請先寫下以往至今所遭受到的不當對待。

「你總是不停干涉我的事，不管是升學或找工作都要聽你的，一下說這間好，一下說那間不行。休完育嬰假回歸職場時，你還說反正我一定做不來，要我乾脆辭職」……。不斷挖掘出不愉快的回憶並寫在信紙上。

❷ 寫下自己目前的苦楚

步驟2，寫下因為過去的這些陰霾，導致自己現在承受著何種痛楚。例如「不管什麼事都是由你做主、你說了算，結果害我到現在依然不太有辦法自行做決定，我覺得很痛苦」。

❸ 寫下「從此不要你管」

步驟3，雖然明白毒親已不在世上，但還是明確寫下要與父母保持距離的決心：「從今以後，請你不要再插手管我任何事。只須靜靜地遠遠地看著就好，不要再插嘴管我」。

❹ 以「再見」作結

最後的步驟則以「我要揮別你的陰影，從此畢業，活出自己的人生。再見」來結尾。

接著在神龕前唸出方才所寫的內容，這麼做**有助於自己下定決心，在精神上與父母親訣別，從今以後走出自己的人生**。以往任何事總是由父母代為做決定，所以對自行作主這件事感到害怕，而這封信能成為鞭策自己的原動力，今後要一步一步地拿回主導權，做自己的主人。

沒有必要規定自己只能寫一封。在書寫過程中會不斷湧現各種回憶，請務必提筆寫下來，即便多達好幾封、幾十封也無所謂。

話說回來，父母已不在人世的話，就某種意義而言，已確保了物理上的距離，比較沒有心理負擔能安下心來進行這件事。大部分人在書寫與朗讀的過程中，都會出現淚流不止的反應，但無須壓抑這些情感，**與毒親已天人永隔，所以請放心地繼續做下去**。而且也不必擔心這些信會被父母發現。再怎麼大聲唸出這些信，也不會遭到痛罵或被駁斥。還請告訴自己從此要跟父母說「再見」，並將此舉當成畢業儀式。這是非常有效的方法。

有些人會想做個了斷而將寫完的信丟掉，不過我建議不妨留在手邊，如同畢業證書般留存。遇到狀況時就可以拿起來回顧，將其當成護身符，為自己加油打氣：我已經確實從父母的陰影中畢業，一定沒問題的。

第 7 章

活出屬於自己的人生

活出屬於
自己的人生
醫師，透過各種實作練習，
我的毒親化症狀減緩了不少，
覺得有信心能當個好媽媽。
最後我要教妳能更加
活出自我人生色彩的方法。
比方說，
沒辦法回絕父母所託之事的人，
請試著每天複誦30次
「拒絕也不會怎樣」。
咦，是什麼樣
的方法呢？
我們的大腦會對這句話
產生認知，
進而能化作實際行動。
這就是穩固認知。
形成穩固的認知後，
再試著實踐看看。
認知
抱歉，我辦不到。
……好吧。
能夠根據自身的意思
做出行動時，
就會產生自信，
不再強烈認為活著是
很痛苦的一件事。

如何帶著自信
活出屬於自己的人生

讓自己脫胎換骨的實作練習

許多被毒親養育長大的人，由於一直以來都是聽從父母的指示行事，因此長大成人後，若沒有人表示贊同的話便無法做出決斷，抑或不敢拒絕他人。面對育兒方面的事物也往往缺乏自信。

最後我要為讀者們介紹，以認知行為治療為基礎所發想的實作練習，幫助大家產生自信，活出自我人生。這項練習會大致分為**「在家執行的事項」與「在外執行的事項」**這2種類型來進行。在家讓正確的認知能穩固下來，在外則累積實踐行動。針對各種煩惱一一進行整理，讓自己能順利消化這些情緒乃此練習的目的。

反覆加以實踐，就能逐漸找出適合自己的思考模式，建立正確認知，也能坦然地展露出原本受到父母打壓的真實感受。

步驟1：在家執行的事項「穩固認知」

首先從在家改寫存在於自我內心的認知做起。方法就是彷彿向內心深處喊話般，**1天最少複誦30次有助於形成正確認知的主張**。基本做法為，閉上眼睛宛如哼唱般緩緩說給自己聽。一次做完30次也OK，分成早上起床10次、午休5次、洗澡5次、睡前10次來做也沒關係。比方說，如果因為「無法拒絕父母吩咐的事」而感到煩惱，為了轉換成正確的認知，就可以喃喃自語「拒絕也不會怎樣」。以往可能會因為拒絕而感到不安，抑或被無以復加的恐懼感籠罩，所以才需要將拒絕也不會怎樣的認知植入自己的腦袋。在初始階段，最容易運用的方式則是以**「○○也不會怎樣」**的句型來改寫認知。

而且重點在於務必**唸出聲音來**，而非默念在心裡。透過口說讓自己親耳聽見，會更容易穩固認知。不只如此，寫在紙上張貼於自己的房間或廁所等處，藉由視覺來強化也是很好的做法。有些人還會把這些話設成手機桌布。若不隨時自我提醒，可無法輕易撼動歷時幾十年所建立起來的認知。因此首要之務就是在家不厭其煩地練習。

步驟2：在外執行的事項「實踐行動」

在家確實做到改寫認知的練習後，接著就要在外實踐來改變自身的言行。

付諸行動時同樣**先決定好方便自己表達的詞句時，實踐起來會更容易**。比方說，決定拒絕某件事時，先決定好使用「抱歉，我今天沒辦法」來當說詞等。

選擇什麼說法其實因人而異，畢竟每個人覺得合適的說詞不同，不過很多人告訴我「對不起，這次沒辦法配合」的說法相當好用，值得一試。這或許也是一句難以對父母親說出口的話，還請試著實際使用一兩次看看，積極努力地逐步改變自身的言行。

持續執行這2個步驟3個月之後，想法與行為就會有大幅的改變。在剛開始的階段，由於必須推翻以往至今的認知，可能會出現冒冷汗、心跳加速、覺得不舒服的抗拒反應。然而，**要蛻變成全新的自己，這種抗拒反應在過程中是不可或缺的元素**，也是自身已經往前邁進的證明。

開始進行實作練習約2個月後，就會發現自己比以前有能力處理更多的事，得以察覺到自己有所改變。許多人經過3個月後便能確切感受到自身的想法起了變化，逐漸感到安心自在。

使實作練習發揮最大效果的3項訣竅

在此傳授讀者們促進這項實作練習成功的3項訣竅。

第1項為，每天至少複誦30次想要落實的主張。**複誦的次數愈多，認知就愈穩固**，有些人會雙倍加碼複誦60次，有些人則以1天100次為目標。就像背英文單字那樣，將陌生的概念灌輸到自己的腦袋裡並牢記不忘。

第2項是，改寫認知應循序漸進，一次**最多進行2項**。同時複誦幾十個新主張來為自己建立新認知非常不容易，因此，請以2項為上限來進行練習，

已能實際付諸行動時，第3項訣竅是將詳情**記錄在日記上**。雖然一一記錄稍嫌麻煩，但能有效促進自己做出行動。

＼井上醫師的建議／

如同背英文單字般喃喃自語地複誦

在家完成「穩固認知」後，接著在外進行「實踐行動」。反覆進行這2項練習後，就能更加貼近自我內心地來思考各種事物，這不只適用於與父母之間的關係，亦能應用在各種人際關係的煩惱上，還請大家務必一試。如同背英文單字般喃喃自語地不斷複誦即為訣竅所在。

改善與父母的關係，亦能解決人際關係的煩惱

上一個單元所介紹的實作練習，不只適用於父母，還能用來改善各種人際關係。接下來則針對人際關係上的各種煩惱進行詳細解說。

❶ 無法請求他人幫忙

在工作上「無法請求他人幫忙」的人，往往因為從小到大的經驗，導致「可能會被拒絕……」、「可能會被罵……」的負面想法占據腦海。為了改寫這樣的認知，請從平時對自己喊話「拜託別人也不會怎樣」並加以複誦。接著在實踐行動方面，則以自己覺得方便表達的說法，例如「可以跟你請教一下嗎？」等，試著提出請求。

❷ 容易被他人情緒左右

「容易被他人情緒左右」的人，在生活中總是習於看

人臉色。為了有所改變，請將「不看人臉色也不會怎樣」的這項認知深植於自己心中。這類型的人往往會認為對方心情不好也是自己的錯。然而實際上並沒有這回事，所以應該換個方式思考，認知到若對方真有不滿的話自會出言抱怨，**首先應該戒掉動不動就覺得自己不好的思維**。面對情緒欠佳的人，若有交談的必要時，秉持著平常心與其互動就好。

③ 過度在意旁人的眼光

「過度在意旁人眼光」時，也會對育兒教養造成很大的影響。請確實告訴自己「不去在意旁人眼光也不會怎樣」。如果至今是以外界的意見為依歸，今後請改以孩子的感受為基準。只須根據此基準來改變實際言行即可。感到迷惘時，請捫心自問，想想自己是否確實遵守將孩子當作獨立個體看待，尊重其存在與感受的原則。

④ 容易感到孤獨

被毒親養育長大的人，大多「容易感到孤獨」。消除這項煩惱的基本做法與前述情況相同，若因為感到孤單而非常難過，覺得快要撐不下去時，請對自己喊話「自己並不孤獨，別難過」。而在實踐行動方面，主動出擊便是重點所在。

比方說，每2週1次，**由自己主動出擊與其他人聯絡也是一個方法**。傳訊息或打電話都可以。利用週末在星期六試著打電話給學生時代的朋友、下週則傳訊息問候以前很照顧自己的對象。建立除了育兒以外的人際關係，先從主動踏出一步與他人互動往來做起，就是消除孤獨感所不可或缺的實踐行動。

⑤ 覺得自己無法變幸福

被毒親養育長大者如同「容易感到孤獨」的人，大多會誤以為「自己無法變幸福」、「自己不應該變幸福」。

這類型的人從年幼時便受到父母不適當的對待，無法將焦點放在快樂、喜悅等正面情緒上，而難以感受到幸福。即便有開心的事，也會想到「反正下次很可能會失敗」、「可能因為這樣被其他人討厭」等。

因此，請透過先前所解說的2大步驟來逐步改變自身對幸福的認知。只不過，在最初的步驟對自己喊話「我一定能變幸福，沒有問題的」或許會令人覺得空泛。

有鑑於此，建議大家可以彈性調整一下說詞，例如用「說不定現在這樣已經很幸福了」、「現在或許也並非不幸福」的說法等。

接著在實踐行動方面則**逐步找出目前擁有的幸福**。讓自己能將焦點放在正面情緒上。

無法感受到幸福的人，或許是因為以往都不被允許做自己想做的事，因此很多人具有強求不屬於自己的東西的傾向。具體實踐行動就是，先將目光轉向衣食住方面，有衣服穿有東西吃、有地方可以睡覺，就該感謝上天眷顧，並感受著這份幸福。

若是已為人父母者，有孩子這件事實際上就是天大的幸福。在這世上，無法如願生兒育女者其實所在多有，儘管會為了育兒感到煩惱，但請重新體會自己能擁有孩子是多麼幸運與幸福的一件事。

其他像是，將焦點切換至自己的身體狀況，例如大半年都不曾感冒，已經好幾年沒受過大傷，便能感受到自己其實是非常健康又幸福的。諸如此類，有意識地累積各種幸福積分，並轉化為實踐行動即為最好的改善方法。

此外，很多人會因為過去的悲慘經驗，而對幸福產生遠比實際更為閃耀華麗的聯想。因此，**改寫對幸福的印象**也是不可少的實踐行動之一，還盼大家能付諸實行。就算沒有名車或華服，吃的也不是豪華料理，但能讓自己感到放鬆的時光與環境愈多時，就會愈加感到幸福。比方說，喜歡在公園曬太陽、喜歡漫無目的地搭著電車等。每個人都有各自的「喜好」，還請盡量找出對自己而言能夠放鬆的環境與時光。

再生一個也可以?!
是否該有第二胎？

基本上無須勉強自己

曾遭父母虐待而對育兒感到煩惱者，其中有些人會對生第二胎這件事抱持著巨大的不安。患者前來門診時也會提出這個問題，而我大多會建議他們**「不必勉強自己也沒關係」**。

懷孕與生產本就不是可憑一己之力做到的事。首先好好與另一半溝通討論，若相信另一半在多了一個孩子的情況下仍會是可靠的隊友，再來積極考慮也不遲。若似乎無法獲得另一半的協助，那就沒有必要急著備孕。

周遭之人或許會敲邊鼓「讓孩子有手足比較好」、「家裡人多比較熱鬧」，然而，懷孕、生產、育兒其實是**個體差異相當大的體驗**。家庭背景或有無後援、伴侶是否願意協助或夠不夠積極等條件皆不盡相同，因此他人的意見其實不見得適用。

將周遭的意見當成動力當然也沒問題，但若產後所能獲得的協助與原本預想的有極大落差時，終究會感到身心俱疲。若沒有第二胎反而能保持心靈穩定的話，那麼不生也無所謂。

先決條件就是自己有信心，覺得有辦法應付，以及感到不安時，另一半能成為自己的安心基地。因此，基於自己對伴侶的信賴程度以及伴侶的表現來考量，不勉強行事即為大原則。還請大家換個方式思考，無論是一個孩子或兩個孩子，重要的是能讓自己幸福過日的方式。

有些人在年過40後反而感到安心

在我的女性患者當中，有些人反而是在年過40後才放下心來。原因在於，就年齡而言，懷孕的可能性降低，沒有必要再煩惱是不是生第二胎比較好，抑或不生比較好。很多人最後沒有再生第二胎，但認為這樣也沒什麼不好而感到釋懷，因此靜待這個時期到來也是一個方法。

無論如何，做出令自己與另一半都能感到認同的結論就是最幸福的結果。因此沒有必要受到旁人的意見左右。

被毒親養育長大的人
該如何打開情緒開關

將負面想法寫在筆記本上

在成長過程中曾遭到虐待的人，為了盡量不讓自己感到痛楚，基本上會封印所有的情緒。為了重新找回自己，**一點一滴釋放這些情緒**是無比重要的。要將長年封印的負面情緒釋放出來，需要非常大的勇氣。然而，持續讓情感麻痺的話，會導致連細微的正面情緒都無法察覺。因此，必須進行不將各種負面情緒累積在心裡，確實認知情緒的練習。

具體方法為，準備一本筆記本，**不斷將自己目前所感受到的各種情緒寫下來**。當然，若過程中出現以前不愉快的記憶時，一併草草寫下也無所謂。坦然面對自身的情緒後，有時會發現悲傷與厭憎的感受滿溢到連自己都無法相信的程度，所以才需要透過不斷書寫來整理。也可以在部落格上發文、作畫等，根據自己喜歡的方式來抒發即可。總之就是要將累積在內心的情緒釋放出來。像這樣表現出自己的感受，其實與獲得他人傾聽具有同樣的效果。以有形的方式將負面情緒宣洩出來後，就能在內心挪出接納正面情緒的空間。

積極釋放不愉快的感受

完成上述這些步驟後，心情也會感到煥然一新，因為**自己的內心已處於可以將情緒釋放出來的狀態**。對自己發出許可，准許自己將以往所壓抑的情緒宣洩出來，光是這樣，就能讓一切不斷往好的方向前進。最終將不再對展現自身的情緒感到抗拒，能更加感受到幸福。

由此可知，人的心是可以透過各種方法恢復健康的。很多前來醫院就診的人認為活著很痛苦、人生盪到谷底，但**人生其實隨時可以重來**。只要掌握方法加以實踐，你也一定沒問題的。

後記

首先誠摯感謝大家讀完本書。

我在書中提到「育兒教養是以孩子為主角」，會這麼主張當然自有其道理，畢竟孩子跟父母是完全不同的個體，甚至可以直言，孩子其實就是他人。以此為前提時，就會回歸到人是無法控制他人的大原則。

而且孩子也有自己的想法與感受，所以希望家長們能把孩子當作獨立的個體尊重，以及打造能讓孩子自由表現這些想法與感受的環境。

為此，最重要的是家長必須感到快樂。這就是一切的關鍵。當家長對育兒感到擔憂或不安，總是情緒緊繃，心無餘裕時，不但家庭的氣氛會變差，還會充斥著緊張感。因此，請家長不要光是把重心放在家裡或職場上，找到能滿足自己的環境與時光，讓自己能過得開心是比任何事都重要的。

孩子也會喜歡總是笑臉盈盈開心過好每一天的父母親，如此一來，孩子也能夠盡情地展現自己的各種情感。這有助於父母理解、貼近孩子的心，孩子便會更加勇於分享自己的主張，繼而形成親子之間的良性循環。

育兒的正確答案就藏在這個良性循環裡。若有所缺損時，就會不斷陷入負面循環裡。而最初會欠缺的，大多是父母的好心情，所以才希望家長們能盡量增加令自己心靈感到滿足的時光。就結果而言，這樣才有助於育兒教養。

我在本文中亦不斷強調，育兒並非僅憑父母的努力就能成就一切。教養孩子畢竟充滿壓力，會感到灰心挫折是很正常的。正因如此，當家長無法恢復心情而覺得痛苦時，無須感到顧忌，還請發出SOS。這是我身為一名精神科醫師最殷切的盼望。

最後，要向國分醫院的木下秀夫醫師致上最深的謝意。感謝老師悉心指導我，社會上有許多人因為年幼時期的親子關係影響，在長大成人後依舊活得很辛苦，以及身為醫師應該如何展現關懷，提供協助。

井上智介

日文版 STAFF

漫畫・插圖／高村あゆみ
設計／高山圭輔
取材・撰文／池田純子
責任編輯／一久保法士（主婦の友社）

國家圖書館出版品預行編目(CIP)資料

這樣的教養,有毒：精神科醫師詳解,終結父母也沒注意到的NG教養/井上智介著；陳姵君譯. -- 初版. -- 臺北市：臺灣東販股份有限公司, 2023.02
208面；12.8×18.8公分
譯自：子育てで毒親になりそうなとき読んでほしい本
ISBN 978-626-329-659-6(平裝)

1.CST: 家庭教育 2.CST: 親子關係

528.2 111020184

子育てで毒親になりそうなとき読んでほしい本

這樣的教養，有毒
精神科醫師詳解，終結父母也沒注意到的NG教養

2023年2月1日初版第一刷發行

作　　者　井上智介
譯　　者　陳姵君
編　　輯　曾羽辰
特約美編　鄭佳容
發 行 人　若森稔雄
發 行 所　台灣東販股份有限公司
＜地址＞台北市南京東路4段130號2F-1
＜電話＞(02)2577-8878
＜傳真＞(02)2577-8896
＜網址＞http://www.tohan.com.tw
郵撥帳號　1405049-4
法律顧問　蕭雄淋律師
總 經 銷　聯合發行股份有限公司
＜電話＞(02)2917-8022